結局、

否定しない人

ほどうまくいく

コツ

永岡書店

信頼関係を深めるコツは、「ほめる」よりも「否定しない」こと！

あなたは気づかないうちに「否定的な言葉」ばかり使っていませんか？

「否定的な言葉」は相手のモチベーションを下げるだけでなく、ハラスメントのリスクも……。そればかりか、チームのパフォーマンスや生産性も下げてしまいます。あなたは、無意識に相手を「否定」していませんか？

信頼関係が自然と深まる！
相手を「否定しない」ための基本ルール

- ☑ 「欠点」よりも「強み」や「長所」に目を向ける（34ページ）
- ☑ 相手の「変化」や「成長」に目を向ける（40ページ）
- ☑ 挨拶で相手の存在を「承認」する（54ページ）
- ☑ ストレスを小まめに解消して平常心を保つ（58ページ）

「ほめる」よりも「否定しない」ことが大切なのか！
感情はどうすればコントロールできるの？

「なぜ?」よりも「何?」という問いかけを
「否定しない」とまわりが味方に!

はじめに

「否定」は、信頼関係を壊す「猛毒」のようなもの

お金が溜まる人はどんどん資産が増えていき、借金体質の人はどんどん負債を抱えていきます。これは、実はリーダーと部下の関係にも似ています。

部下を元気づける言葉を使えば、部下にとってその言葉は「資産」になっていきます。一方で、部下を傷つける言葉を使えば、部下にとってその言葉は「負債」になっていきます。

昨今は「ハラスメントの問題」がクローズアップされ、状況によっては厳しい措置を取られるようになりました。そのため、ハラスメントを意識していないリーダーはいないでしょう。

そうした中、**危険なのがつい無意識にしてしまう「否定」**です。

否定は「猛毒」のようなものです。それまで部下とのコミュニケーションに気をつかい「資産」を構築していても、たったひと言の「否定」で一気にマイナス、負債の関係になってしまいます。

お金であれば、負債を負っても、仕事などをして自分次第で取り戻せます。しかし、**部下との信頼関係はなかなか取り戻すことができません。**

それだけ「否定」は危険なのです。

「否定が良くないなら、ほめればいいや」と考える方もいるかもしれません。しかし、最近は「キツい職場」と同様に、**「ゆるい職場」も若い人たちの離職の要因**になっています。

近年はハラスメントの問題もあり、強い叱責や罵声がある「キツい職場」は減りつつあります。一方で、今、ＡＩなどの発展によって仕事がなくなる人がいるとよく言われていますが、「ゆるい職場」にいることで、自分がそのような存在になってしまうことを危惧する若者が増えているのです。

また、そうした状況下でも、リーダーがチームの業績をあげることを求められる状態は変わりません。ですから、ときにはメンバーを叱る必要があります。しかし、単に「叱る」といっても簡単ではありません。「否定せずに行動を改善しないといけない旨を伝え、実際に行動を改善してもらう」ことには、非常に難しいテクニックが求められるからです。

ここで少し私のことをお話しさせてください。

私は、今はリーダーや管理職の方々を対象にしたセミナーや講演、コンサルティングなどを主業としています。このような仕事をしているのだから、順調なキャリアを辿ってきたのだろうと思われがちですが、全く逆です。

ハラスメントなどをしてしまい、降格人事に3回あいました。つい怒りに任せた状態で「否定」をして信頼を失くし、部下が退職をしてしまったこともあります。ですから、**ちょっとした言葉が、リーダーが思っている以上に、部下に大きな影響を与える**ことを認識しています。

今はこうした現場での経験と1万冊の読書から得た知識をもとに、現場のリーダーの方々に「否定を避ける方法」「怒らない方法」をお伝えしており、累計の受講者数は3万人を超えました。

「否定」をやめることは、感情のコントロール術、相手を否定しないための言葉の使い方、伝え方の公式をマスターしていただければ、自然と身についていくものです。

もちろん、一朝一夕でできるようになるものではありませんが、本書をお読みいただき、行動し、時に失敗し、再度行動していただければ、必ずできるようになります。

では、さっそくはじめていきましょう。

リーダーシップデザイナー　吉田幸弘

目次

第3章

「否定しない」人のメンタル&コミュニケーション術

第4章

信頼関係を深める「否定しない伝え方」実例集

パフォーマンスが低い人への伝え方

Column

第1章

あなたは「否定モード」になっていませんか？

「否定的な伝え方」をすることは、言う人にとっても言われる人にとっても、何ひとついい結果をもたらしません。

「否定」をやめるべき理由とは？

▽「心理的安全性」を高めるために取り除くべき4つの不安

ここ数年で、ビジネスシーンに浸透した言葉に「心理的安全性（※）」があります。数年前にＧｏｏｇｌｅが取り入れたことで話題になったので、一度ならず耳にしたことがある人も多いでしょう。心理的安全性の提唱者である組織行動学者、エイミー・Ｃ・エドモンドソンは、組織やチームの心理的安全性を高めるには、次の４つを取り除くことが重要だと指摘しています。

①無知と思われる不安
②無能と思われる不安
③ネガティブだと思われる不安
④邪魔していると思われる不安

※心理的安全性…組織の中で自分の考えや気持ちを誰に対してでも安心して発言できる状態。psychological safety を日本語に訳した心理学用語。

これらを言い換えれば、①こんなことを聞いて無知だとバカにされないか、②無能だと思われて評価を下げられないか、③否定的な意見を言って大丈夫か、④反対しても大丈夫か、という4つの不安を取り除くことで、職場の心理的安全性が高まるということです。

心理的安全性が高い職場では、右にあげたような「発言への恐れ（不安）」が少ないため、失敗やミスの報告がしやすくなり、メンバー一人ひとりがその失敗から学び、改善していくことができるようになります。

つまり、心理的安全性を高めることの重要性は、単に「遠慮や恐れがない状態で言い合える組織」をつくることではなく、その先の「学習する組織」をつくることにあるのです。

▽否定的なことばかり言う人は、その自覚がない場合が多い

アメリカの精神科医ウィリアム・グラッサーは、組織やチームの誰もが自発的に意見を出し合うようにするためには、「致命的な7つの習慣」を変え

「致命的な７つの習慣」と「身につけたい７つの習慣」

致命的な７つの習慣	身につけたい７つの習慣
❶ 批判する	① 傾聴する
❷ 責める	② 支援する
❸ 文句を言う	③ 励ます
❹ ガミガミ言う	④ 尊敬する
❺ 脅す	⑤ 信頼する
❻ 罰する	⑥ 受容する
❼ 褒美で釣る	⑦ 意見の違いを交渉する

るべきだと主張しました。

この致命的な7つの習慣が常態的に行われている職場では、チームの一人ひとりが不安や恐れを感じ、発言や質問、相談などをすることに尻込みする人が多くなります。

そうした状態を避けるためには「身につけたい7つの習慣」を意識する必要があります。

上にあげた「身につけたい」習慣やかかわり方を意識することで組織の心理的安全性が高まり、チームの一人ひとりが自発的に発言や質問ができるようになるのです。

この本を手に取ってくださった人の中には、「職場の雰囲気や環境」といったこと以前に、「自分の発言をパワハラと捉えられたくない……」「否定的な伝え方をして嫌われたくない……」と思っている人も多いでしょう。

実際のところ、**ハラスメントをする人は部下などに対する「否定的な発言が多い」**傾向にあります。また、近年はパワハラ防止の観点から「部下に厳しい上司は出世できない」という傾向も強まっています。

つまり、否定的な発言を繰り返している人は、チームやメンバーに対してだけでなく、自分自身にとっても、何もいいことがないのです。

とはいえ、**パワハラをする人や否定的なことばかり言う人ほど、その自覚がない人が多い**というのもまた事実。あなたは大丈夫でしょうか？

POINT

否定的な発言は相手を傷つけるだけでなく、自分にとっても何もいいことがない

「カリスマリーダー」は時代遅れ

▽「支配型リーダーシップ」はチーム力を低下させる

かつてリーダーには「即断即決・勇猛・大胆」「背中で引っ張るエース」といったイメージが求められました。しかし、みんなの考え方や価値観が多様化した現代において、そうしたリーダー像は過去のものになりつつあります。時代の変化とともに仕事の範囲は広がりました。世の中の変化が激しくなり、リーダーであれば誰もが、自分の仕事の守備範囲のことならなんでも部下より詳しく知っているというわけにはいかなくなりました。

さらにはインターネットや携帯電話などがビジネスの必須ツールになり、経験豊富なベテランよりも、**子どものころからPCやスマホに慣れ親しんできた若手のほうが、ネットの活用がうまくITスキルが高い**なんてことは珍しくありません。

このような時代に、かつてのように「すべての業務において上司が部下を上回る」ことは、現実問題として難しくなりつつあります。

それにもかかわらず、「カリスマリーダーになってやろう」と、業務で必要とされる知識やスキルをすべて身につけようとするのは本末転倒でしょう。

なぜなら、現代のリーダーはカリスマである必要がないからです。

部下に対して「オレの言うことには黙ってなんでも従え」というような威圧的な態度も逆効果です。こうした支配型リーダーシップのもとでは、部下はリーダーに対して畏怖《いふ》の念を持つどころか、かえってバカにし始めます。

また、リーダーによって抑圧された部下は、「怒られない程度の最低限の仕事だけやっておけばいいや」などと思い、モチベーションやパフォーマンスを下げてしまいます。

すると、部下の成長のスピードが遅くなるだけでなく、チーム全体の力も下がってしまうのです。

▽リーダーはプレイヤーとしての仕事が少ないほうがいい

そうした事態を避けるために意識しておきたいのが、**部下たち一人ひとりの自主性を重んじつつ、成長をうながす「サーバントリーダーシップ（奉仕・支援型リーダーシップ）」**です。

サーバントリーダーシップでは、部下が主役であり、リーダーは補佐的な役割を担います。いわば部下がタレントで、リーダーはプロデューサーといった位置づけで、従来の支配型リーダーシップとは正反対の考え方です。

支援型では、リーダーが「部下に奉仕する」ことで、部下は「仕事を任せてもらえている」とリーダーに感謝の念を持ち、貢献するようになります。

そのためには、できる限りリーダー自身が主体となって動く業務を減らし、極力、部下に仕事を振る必要があります。**リーダーは、プレイヤーとしての仕事が少なければ少ないほどいい**のです。

たとえて言えば、リーダーが自分一人の力で1億円の仕事を取ってきて部下に手伝わせるのではなく、リーダー自身の売り上げはゼロでも、10人の部下が1000万円ずつ仕事を取れるように「支援する」のです。

リーダーが補佐役に回ると、リーダー自身が売り上げや業務の面で何も貢献していないように見えてしまう場合もあります。そのため、多くのリーダーはそう見られることを恐れ、自分主導で仕事を進めようとしてしまいがちです。しかし、**リーダーが「トッププレイヤー」であろうとすることは、むしろチーム全体のパフォーマンスを下げる原因**となります。

リーダーは、自分をよく見せようとするパフォーマーになってはいけません。**本当に優秀なのは、「何もしていないように見えるけれど、部下の仕事をサポートして、チーム全体の業績を上げているリーダー」**なのです。

POINT

「支配型リーダーシップ」の時代が終わり、今は「支援型リーダーシップ」の時代に

「できるリーダー」の基本法則

▽部下には成功体験だけでなく、適度な負荷も与える

従来の支配型リーダーの多くは、「人は放っておくとサボるもの」という性悪説でものごとを考え、部下を管理しようとしていました。すると**必然的に指導は厳しくなり、「否定的な言葉」も増えていくものです。**

このタイプのリーダーのもとでは、部下は「どうせ新しいことを提案したり、意見を出したりしても、受け入れてもらえない」と考え、言われたことしかやらなくなってしまいます。そうした環境下では、部下は育ちません。

一方、優秀なリーダーは、部下が仕事を楽しめるようにしようと考えます。すると、**相手に対する肯定的な言葉が増えてチーム内のコミュニケーションも自然と活発になり、新しい発想やアイデアも生まれます。**また、仕事が楽

しければ、部下やメンバーはどんどん自発的に取り組むようになるでしょう。

具体的には、次の3つの方法を取り入れると、部下も前向きに仕事ができるようになります。

① **成功体験を味わってもらう……**難易度の高い仕事ばかりやらされると、部下はストレスを感じてモチベーションも下がってしまいます。まずはできる難易度の仕事を任せて成功体験を味わうことで、自信をつけてもらいましょう。

② **ほめる……**期待に沿った仕事や期待以上の仕事をしてくれた部下に対して心の底から感謝し、それを示すことでモチベーションが上がります。

③ **ポジティブな環境をつくる……**仕事の成果を互いにたたえ合う場をつくったり、おもしろい仕事のアイデアを出し合う会議を行ったりして、メンバーの心がポジティブな気持ちで満たされると、生産性が高まります。

言い換えれば、リーダーは**部下の「やればできる」という感覚(自己効力感)を育て、「自分は大切にされている」という感覚(自己重要感)を持た**

せることが重要なのです。また、**リーダーが自分の「強み」だけでなく、「弱さ」もさらけだす**（自己開示、122ページ参照）ことも効果的です。

こうした伝え方を意識するだけで、リーダー自身が手を下さずとも自律的に成長するチームが育ちます。**人は「やればできる」「大切にされている」「信頼できるリーダーがいる」という感覚さえあれば、自然と動き出す**からです。

▽リーダーに求められる3つの要素とは？

リーダーには次の3つの要素が求められます。

①**決断力**……ふだんはあまり指示を出していなくても、**いざというときに決断を下し、チームを正しい方向に導く**ことができると、部下は「この人についていこう」と思います。

②**平常心……リーダーはどんなときも冷静さを保つ**必要があります。ピンチのときに慌てふためいたり、イライラしたり、部下のせいにして叱責したりするリーダーには、誰もついていこうとは思いません。

③ 否定しないこと……頭ごなしの否定は相手のモチベーションを下げてしまいます。**部下の短所だけでなく長所も見ながら指導する**ことで行動改善や成長がうながされ、おのずとチーム全体の能力もアップします。

しかし、この3つだけでは不十分。リーダーは、部下の成長につながるような仕事を任せる必要があります。そのためには、**相手に適度な負荷を与える**（118ページ参照）ことも必要です。仮に部下の力がレベル１００だとしたら、１５０の仕事をやらせるのは難しいでしょう。しかし、レベル１１０の仕事であれば、少しキツいかもしれませんが挑戦意欲も高まります。

部下に無理をさせると、そのときは感謝されないかもしれません。しかし、3年後、5年後には、きっと感謝してもらえるようになるでしょう。

POINT

リーダーにとって一番大切な仕事は、部下が仕事を楽しめる環境をつくること

あなたにとっての「常識」や「正解」を疑おう！

▽「常識」にとらわれると、新たな発想ができなくなる

支配型リーダーは「常識」や「正解」を部下に押しつけたがる傾向があります。しかし、そうした環境下では部下はストレスを感じ、仕事を楽しむことができません。

また、仕事や業務の内容が多様化した現代では、「すべての業務において上司が部下の能力を上回る」ことは、相手が入社したばかりの新人や異業種から転職したばかりの中途採用社員などでない限り、ほぼありません。

そんな時代に、「正解」や「常識」を部下に押しつけることは、**柔軟な発想やイノベーションを妨げる**だけだと考えたほうがいいでしょう。

高度経済成長期のころのような安定性の高い時代には、支配型マネジメン

トが有効な場面もありました。しかし、現代のように不確実性が高い時代には、個人も組織もあらゆる変化に対応できる柔軟性や多様性が求められます。また、近年はグローバル化によって海外の人が日本で働くケースも増えており、「日本人にとっての常識」が通用しないことも多くなってきています。

日本人は詰め込み教育の影響からか「何が正解か」を気にする人が多く、「～すべき」「常識だから」といった思い込みにとらわれがちです。もちろん、開始時間を守る、責任のある行動をとるといった「守らなくてはいけないこと」はあります。しかし、**あまりにも「～すべき」「常識だから」という思考の枠にとらわれていると、新たな発想ができなくなってしまいます。**

たとえば、質問のメールが届いたときに、すぐに「質問を受けました。すぐに調べて本日中に回答します」などと返信する人もいれば、回答が見つかってから返信する人もいます。

前者の場合は、「まずはメール内容を確認したことを早く知らせたほうがいい」と考えているのに対し、後者の場合は「回答が見つかっていないのにメールを返しても、受信回数が増えて相手が煩わしいだけ」と考えているのかもしれません。**この2つの考え方は、どちらも間違いではありません。**

このように、人によって感じ方や最善策は異なるものです。それを「返信が遅い」「受け取りの連絡と回答は1回で済ませて」などと一方的に主張したところで、お互いにイライラしてしまいストレスを感じるだけでしょう。

だから、**「どちらが正しいか」ではなく、「あなたも私もOK」と考えましょう。**仮に相手の意見が間違っていると感じても、「そういう価値観もあるよね」と大らかに受け止めれば、たいていの人は安心感を抱くもの。

白か黒かをはっきりさせるのではなく、「相手の意見も正しい。自分の意見も正しい」と考えて、お互いに歩み寄っていけばいいのです。

▽まずは相手の話を聞くことからはじめよう

この「自分も相手も正しい」という考え方は、ハラスメントにもつながりかねない「イライラ」を防止するうえでも効果的です。

自分と価値観や常識が違っていても、「あなたなら大丈夫」と大らかに背中を押してくれる人に対して、人は大きな信頼感を持つものです。

そのため、部下が抱える課題の解決のためにはアドバイスや指摘も大切ですが、**まずは相手の話を聞く**ことからはじめましょう。「自分の考えを理解してくれた」と思えば、あなたの意見に耳を傾けてくれるはずです。

「今回は自分の意見を通したい」という場面でも、対立的な関係にあるより、相手を尊重して味方になっておいたほうが、ものごとはうまく進みます。

そのうえで、どうしても改善してほしい点がある場合は、**「〇〇するべきだよね!」などと相手を否定するのではなく、「〇〇してほしいのだけど、どうかな?」と、理由を添えて伝える**ようにしましょう。

POINT

「どちらが正しいか」「〜すべき」ではなく、「あなたも私もOK」と考えよう

「認知のゆがみ」を自覚しよう

▽相手の「短所」だけではなく、「長所」にも目を向ける

「どんな愚かな者でも、他人の短所を指摘できる。そして、たいていの愚かな者が、それをやりたがる」――これは、アメリカの政治家・実業家、ベンジャミン・フランクリンの言葉です。

人は、相手の短所や欠点に目を向けがちなものです。あなたも、たった一度のミスで「この人はダメだ」と思い込んだり、PCスキルが低いといった欠点だけを見て「この人は仕事ができない」と決めつけてしまったりしたことはありませんか？ さらに極端な場合には、自分が知っている「ダメな人」と外見が似ている、経歴が似ているといった理由だけで、相手をダメな人と決めつけてしまうことすらあります。

このように、ものごとの捉え方が偏り、客観的に見たり柔軟に考えたりすることが難しくなる心理状態を「認知のゆがみ」と言います。

日本の職場では、どんな業務でもこなせるオールラウンダーを評価する傾向があります。そのためか、長所を伸ばすことよりも、欠点を改善することに執着する人が多いようです。もちろん、ほかの人に迷惑をかけるようなミスや欠点は直す必要がありますが、部下を育てるのが上手な人は、必ずその人の強みや長所にも目を向けて、それを発揮させる機会を与えます。

それを仕事で生かすも殺すも、リーダーの采配にかかっているのです。

▽相手の「悪いところ」を「良いところ」に変換する

人の短所は、長所と表裏一体です。「なにごとにも細かい人」は、実は「よく気がつく人」なのかもしれません。あるいは「馴れ馴れしい人」は、見る角度を変えれば「物怖じしない人」とも言えます。このように、少し視点を変えるだけで、相手の「悪いところ」は「良いところ」に変換できるのです。

短所を長所に変換する「リフレーミング」の例

短所　飽きっぽい	長所　好奇心旺盛
短所　挑戦しない	長所　堅実な性格
短所　理屈っぽい	長所　論理的
短所　計画性がない	長所　臨機応変
短所　経験不足	長所　伸び代がある
短所　しつこい	長所　粘り強い
短所　おしゃべり	長所　社交的／明るい
短所　ありきたり	長所　手堅い／定番

このように短所を長所に変換することを、心理学用語で「リフレーミング」といいます。

もちろん、リフレーミングが難しいケースもあります。もし、どうしても相手の長所が見つけられない場合には、どんなささいなことでもいいので、相手のほかの強みを探し出しましょう。

「○○さんは入力ミスが多いが、企画力は優れている」「○○さんは説明がヘタだが、ＰＣスキルはすばらしい」でもいいでしょう。仕事に関する強みが見つけられない場合には、「笑顔が素敵」「素直」「ファッションセンスがある」などでも構いません。

なお、**相手の長所をほめる際には、第三者を介して伝えたほうがより効果的です**。第三者を介してほめ言葉が伝わると、ほめられた人は「あの人がそんなことを言ってくれていたのか」と、よりうれしく感じます。お世辞ではなく本当にそう思っているから、第三者に言ったのだと思うからです。

人は、自分をほめてくれた相手に対して好感を抱くもの。すると、仕事も早く、積極的に対応してくれるようになるものです。ときには、ほめてくれた相手に喜んでもらおうと、無理を聞いてくれることもあるでしょう。

相手の短所ばかりでなく長所にも目を向けて、良好な人間関係を構築することは、仕事をうまく回すコツでもあるのです。

POINT

相手の短所だけではなく長所にも目を向け、「良いところを伸ばす」意識を持とう

「ほめればいい」というワケではない

▽「ほめる」ことは「叱る」以上に注意や配慮が必要

よく「ほめるときは人前で、叱るときは2人きりで」と言われます。

確かに、叱る場合はそのほうがいいでしょう。ほかの人がいる場所で叱ると、たとえ叱られた自分が悪いと思っていても、「人前で恥をかかされた」と感じる人が多いからです。

また、叱られているのが自分でなくても、**他人が叱られているのを見るといたたまれなく感じ、叱っている人のことを嫌いになる**という声も多いです。

一方、繊細な若い人が増えている現代の職場では、「人前でほめる」ことについても慎重になったほうがよさそうです。

最近の20～30代は、たとえ「ほめられる」場合でも、人前で目立つことを

嫌う人が多いからです。

周囲の反応を気にする性格の人の場合、人前でほめられることで、その場にいるほめられていない先輩に気をつかってしまったり、ほめられることで同僚から調子づいていると思われないか心配したりするケースもあります。

そのため、**部下やメンバーをほめるときも、叱るときと同様に1対1を基本にしたほうがいい**でしょう。

ただし、表彰式などでほめる場合は、人前でほめても構いません。本人の性格がどうあれ、儀式としてほめることは必要だからです。

なお、第三者を介してほめるのも効果的（37ページ参照）ですが、その場合はメンバー同士の関係性に気をつける必要があります。**ほめている相手のことを良く思っていない人の前でほめると、かえって嫉妬心や敵対心をあおってしまい、チームの雰囲気や関係性が悪くなる危険性がある**からです。

また、相手のどこをほめるかにも気をつける必要があります。たとえば、「その髪型似合ってるね」「そのスカートかわいいね」などと相手（とくに異性）

の外見をほめるのは、プライベートな場面ならありかもしれませんが、職場では避けたほうがいいでしょう。**よかれと思って言った言葉が相手の気に障り、ハラスメントと受け止められる**こともあるからです。

そのため、相手の〝外側〟をほめて関係性を深めたい場合には、外見ではなく、**持ち物についてほめる**ほうが無難です。持ち物をほめることは相手のセンスをほめることになるので、悪い気がする人はいないでしょう。

▽相手の「変化」や「成長」した部分に目を向ける

よく「ほめて伸ばす」という言葉を聞きます。しかし、「あのプレゼンよかったね」などと抽象的なほめ方をすると、言われたほうはかえって「心にもないことを……」という印象を持ってしまうため、逆効果になることもあります。**ほめるよりも大切なのは、相手の変化や成長に気づくこと**です。

たとえば、「プレゼン資料のつくり方、変えたんだね。以前見たものより見出しが工夫されていたし、要点が箇条書きでまとめられていて把握しやすくなっていたよ。データの出典が明確なので説得力もあったし」といった具合に、**相手の「変化」や「成長」した部分にポイントを絞ってほめる**のです。

人は「成長をしっかり見てくれているリーダー」を信頼します。**変化への気づきが認められていることの証となり、承認欲求が満たされる**からです。

なお、最近は「ほめられてばかりでは成長できない……」と感じ、ゆるい職場を嫌って転職する若い世代が増えています。

もちろん、「厳しければいい」という訳ではありませんが、**ほめることしかしない「ゆるすぎる職場や上司」も、信頼をなくすので注意が必要**です。

相手への「否定」は避けるべきですが、ときには「叱る」（82ページ参照）ことも、部下を成長させるためには必要なのです。

POINT

「ほめる」のは「叱る」以上に難しい！しっかりと相手の「成長」に目を向けよう

テレワークの時代こそ「否定しない」伝え方が大切

▽「性悪説」や「性善説」ではなく、「性弱説」で考える

2020年以降、新型コロナウイルス感染拡大にともない、日本でもテレワークを導入する会社が増えました。それにともない、離れた場所にいる「見えない部下」のマネジメントに苦慮するリーダーが増えています。

部下の中には、出勤時間がなくなり心身の疲弊が減ったことで、より効率よく仕事をして成果を出せるようになった人もいるでしょう。一方で、人目がないため集中力が保てず、つい怠けてしまう人もいると思います。

そもそも、**人間は誰しも「怠けたい」という欲望があるので、環境が変わったことでだらけてしまう人が一定数いるのは仕方のないこと**です。

人はサボるもの、手を抜くものという「性悪説」で考えた場合は、部下の

監視を強化してマイクロマネジメント（部下の仕事や行動に対して過度に干渉するマネジメント手法）をするしかありません。しかし、**人は監視されればされるほど、モチベーションが下がります。**

一方、部下のやる気を信じる「性善説」で考える場合は、もともとモチベーションが高い部下は成果を出すかもしれませんが、怠けてしまう部下は放任することになるため、やはり、いい結果を得ることは難しいでしょう。

そこでお勧めするのが、「性悪説」でも「性善説」でもなく、**「性弱説」**という考え方です。**そもそも人は弱いものであり、一人でいるとつい流されてダラダラしてしまうのは当たり前**と割り切って考えるのです。

そのうえで、リーダーが一方的に「監視」するのではなく、**リーダーと部下が「お互いの弱さを補完するもの」として、ポジティブな位置づけでチャットやオンライン会議ツールで報告をし合ったり、ときには雑談し合ったりするように仕向ける**のです。

実際に、テレワークの普及以降、自宅での業務は孤独感を生むとの声もあり、オンライン会議ツールなどを使った雑談を大切にしようという風潮が生まれました。これは非常にいいことです。

ただし、オンライン会議ツールでは部屋の様子やふだんの服装といったプライベートな部分が見えてしまうことがあり、それを雑談のネタにすると「テレワーク・ハラスメント」になる可能性があるので気をつけましょう。

▽ネガティブなことは、ポジティブな言葉に変換して伝える

テレワークではメールでのやり取りが増えます。しかし、メールに書かれた否定的な言葉は相手の気分を害します。対面ではないメールは文面そのものが送り主の人格と捉えられる可能性もあるため、とくに注意が必要です。

周囲からの評価が高いリーダーほど、否定的な言葉は使いません。ネガティブなことを伝えるときでも、ポジティブな表現に変換しているのです。

たとえば、「提出期限に遅れないでください」ではなく「期限に間に合うように早めに着手しよう」、「勝手に進めないで」ではなく「進める場合は相

談して」などと、命令や禁止ではなく、問いかけや相談調のポジティブな表現に変換して伝えることで、相手が受ける印象はかなり変わります。

つまり、**言葉を選ぶときに「できていない」などと過去に目を向けて頭から否定するのではなく、「こうすれば」と未来に目を向ける**のです。

また、**感情的なメールも厳禁**です。感情が高ぶっていると文章が詰問調になってしまい、上司がそこまで怒っているつもりがなかった場合でも、メールを受け取った相手は「怒られた……」という気持ちで頭がいっぱいになり、肝心の改善策にまで考えが及ばなくなってしまいます。

自分が感情的になっていると感じたときには、いったんメールを下書き保存し、冷静になって文面を見直してから送るようにしましょう。

POINT

人間は誰しも「怠けたい」という欲望がある
リーダーと部下でお互いの弱さを補完し合おう

Column

「ハラスメント」かどうかの境界線とは？

◎誰もが「ハラスメントの行為者」になる危険性がある

終身雇用や年功序列といった制度が盤石だったころの日本では、「若いうちは苦しくてもがんばれば報われる」といった風潮がありました。

そうした環境下では、怒鳴り声が社内に響くことや、ときには身体的な暴力などのパワハラ（パワー・ハラスメント）が行われることもありました。

しかし現代は、もはやハラスメントが許される時代ではなくなりました。

近年は、パワハラやセクハラだけでなく、マタハラ、モラハラ、テクハラ、スメハラ、パタハラ……などなど、ハラスメントの種類も細分化しています。

それだけ種類が多いということは、いつの間にか自分が「ハラスメントの行為者」になってしまう場合もあるということです。

なかでも、「否定的な伝え方」をすることでハラスメントと捉えられる危険性が高いのが、パワハラとモラハラです。

職場におけるハラスメント行為のうち、上司やリーダーなど優越的な立場にある人が行うものをパワハラといいます。

2020年6月、大企業向けにいわゆる「パワハラ防止法」が適用され、2022年4月には中小企業にも適用されました。

法律の条文では、①職場での優越的な関係を背景としている、②業務上必要かつ相当な範囲を超えている、③就業環境を害されている、という3つの要素を満たすものが、職場におけるパワハラであると定義しています。

もうひとつのモラハラ（モラル・ハラスメント）は、身体的な暴力ではなく、言葉や態度で嫌がらせをしたり、いじめたりする精神的な暴力を指します。

モラハラはパワハラと異なり、職場における優越的な関係がない従業員同士の間でも起こります。たとえば、同僚間で人格を否定する侮辱や無視、悪口、プライベートへの過度の詮索や監視などが行われた場合は、モラハラとなる危険性があります。関係性や状況によっては、部下が上司にモラハラを行う場合もあるでしょう。

◎ハラスメントかどうかの境界線は「信頼関係」にある

実のところ、ハラスメントには「ここまではセーフ」「ここからはアウト」といった、はっきりとした境界線はありません。

たとえば、AさんがCさんに対して「ふざけんなよ」と言って頭を小突いたらパワハラになるのに、BさんがCさんに同じことをやってもパワハラにならないというケースもあります。

そう聞くと、「それじゃあ、どうやって部下と接すればいいの?」と戸惑う人もいるかもしれませんが、そんなに心配する必要はありません。基本的には、相手への気配りと信頼関係があれば、それほど大ごとにはなりません。

つまり、ハラスメントかどうかの境界線は相手側にあるということであり、その境界線のポイントは「相手との間に信頼関係があるかどうか」なのです。

ハラスメントを行った側が「叱咤激励のつもりだった」「成長してほしか

った」「親しみを込めて言ったつもりだった」などと言っても、信頼関係が築けておらず相手を傷つけてしまったのなら、それはハラスメントです。

　ハラスメントを完璧に防止するのは難しいでしょう。人は誰でも、つい間違った行動や失敗をしてしまうものだからです。

　とはいえ、一番良くないのは、ハラスメントを過度に恐れて何もできなくなってしまうこと。部下を成長へと導き、チーム全体の改善を継続するためには「指摘すべきことは指摘する」という姿勢も大切です。

第1章のまとめ

◉「否定的な発言が多い」人は、出世できない時代になりつつある。

◉今の時代に求められるのは「支配型リーダー」ではなく「支援型リーダー」。

◉「正解」や「常識」などの思い込みは、ときに新たな発想やイノベーションの妨げとなる。

◉部下を育てるのが上手なリーダーは、相手の「短所」だけではなく「長所」にも目を向ける。

◉ほめるときには、相手の「変化」や「成長」にポイントを絞ると効果的。

第2章

否定しないコツは「承認」と「感情のコントロール」

相手の存在を認め、自分の感情をコントロールする。この2つが人とチームを成長に導くための鉄則です。

相手を「承認」する3つのステップ

▽部下の成長をうながす3つの「承認」とは？

第1章では、相手の「長所」に目を向けることの大切さを解説しました(34ページ参照)。しかし、部下の成長をうながすためには、「長所を見つける」こと以前に、まずは**相手を承認すること**から始める必要があります。

相手を承認する方法は、大きく分けると次の3つです。

① **結果（貢献）承認**……うまくいったという結果や、チームや会社に貢献したことに対して、「よくやった」「助かったよ」などと相手を認める。

② **行動（プロセス）承認**……望んでいた結果にはならなかった場合も、相手が行動したことや、行動の過程(プロセス)で「できている部分」を認める。

③ **存在承認**……相手の存在そのものを認める。

相手に厳しい人の場合は、おそらく①の「結果」しか認めないでしょう。

もちろん、結果は大事です。しかし、**結果だけに目を向けていると、結果の出ない部下を承認することが難しくなるだけでなく、結果が出ないことに対して怒りをぶつけたり、否定したりしてしまう**危険性もあります。

一方、②の「行動（プロセス）」に目を向けるようにすれば、努力や試行錯誤の形跡が見えてくるため、「プロセスはしっかり経たんだな」と、相手の良い部分（長所）を見つけやすくなります。また、部下が「次こそはいい結果を出そう」と前進するためには、リーダーが行動（プロセス）を認めることで、モチベーションを高める必要があります。

なお、男性と女性ではほめられたいポイントが異なる傾向があります。**男性は「結果さえよければいい」と考える人が多いのに対して、女性は「プロセスが大切」と考える人が多い**です。そのため、女性に対しては「この結果を出すために、市場リサーチをしてくれてありがとう」などと、結果だけでなくプロセスを含めてほめるほうが心に届くでしょう。

▽挨拶をし続けることで、相手の存在承認の欲求が満たされる

パフォーマンスが低い部下に対しては、行動の過程で「できている部分」すら見つけるのが難しい場合もあります（なお、36ページで解説した「リフレーミング」を応用すると、部下の「できている部分」が見つけやすくなります）。その場合は、まずは③の存在承認を意識しましょう。

存在承認の基本は、挨拶です。

人は誰しも承認欲求を持っています。挨拶をされないと、「存在すら認められていない」と感じて、自己肯定感を大きく下げてしまいます。

「○○さん、おはよう」「○○さん、お疲れさま」などと名前を呼んできちんと挨拶をし続けるだけで、相手は存在承認の欲求が満たされます。するとコミュニケーションが取りやすくなり、相手のモチベーションも上がります。

また、部下に挨拶されたら、しっかりと挨拶を返すことも大切です。

「そんな当たり前のことを……」と思った人もいるかもしれませんが、思い

返してみましょう。「忙しい」「イライラしている」といった理由で、あなたも、相手からの挨拶を無視してしまったことはありませんか？

部下は、リーダーの反応に敏感です。きちんと挨拶を返さないことで、「リーダーは私のことを怒っているのではないか？」と不安になったり、無視されていると感じたりすることもあります。

忙しすぎて部下の挨拶に反応できない場合もあるかもしれませんが、**「おはよう」や「お疲れさま」を言うためのわずか1秒をケチって部下のモチベーションを下げてしまうのは、もったいないこと**です。

パフォーマンスが低い部下には「存在承認」が抜けていないか？このことをリーダー自身が常に、強く意識しておきましょう。

POINT

部下のモチベーションをあげるためには、まず「相手の存在を承認する」ことが大切！

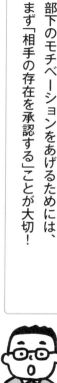

Column

「否定に弱い人」への接し方

◎相手の警戒心を解き、未来志向の言い方を意識する

よく「自分はほめられて伸びるタイプです」などと言う人がいます。

確かに、短所に目をつぶり長所を伸ばすという方法のほうが向いているタイプはいるでしょう。しかし、長所だけを伸ばす方法だと、ほとんどの人は「現状満足(維持)」になってしまい、なかなか成長できません。せっかくの長所を生かして成長するためにも、短所をケアしていく必要があるのです。

「自分は仕事ができる」と思っている人ほど、否定されることに対して警戒心を抱いているものです。また、否定に弱い人に対していきなり改善点を伝えると、「わかっています」などと言って殻に閉じこもってしまう可能性もあります。そのため、否定に弱い人に意見を言うときには、「最初にほめて、そのうえで改善点を伝える」という方法がお勧めです。

つまり、最初にほめることで相手の警戒心を解き、指摘を受け入れられる態勢をつくってあげるのです。

手順は簡単。「○○さん、先日の会議の資料だけど、グラフがわかりやすかったよ（⬆ほめる）。○○を工夫すればもっとよくなるよ（⬆改善点を伝える）」などと、まずはほめたうえで、改善のアドバイスをするのです。

その際には、「○○ができていない」ではなく、例文のように、「○○ができればもっとよくなるよ」と、未来に向けた（未来志向の）言い方を意識しましょう。

部下を成長させるためには、リーダーは改善点を指摘しなくてはなりません。そのときは嫌がられるかもしれませんが、将来的には感謝されるときが必ず来ます。今はリーダーとして活躍するあなたにも、「かつての上司のあの言葉が、今の自分をつくった」なんてことがあったはずです。

もちろん、「ほめて伸ばす」ことも必要ですが、伝えるべきことは伝えて、部下からのちに感謝されるようなリーダーを目指しましょう。

自分の「怒り」をマネジメントする方法

▽「イライラ」を招く原因はストレスの蓄積

「否定的な伝え方」をしてしまう大きな要因のひとつが、「怒り」や「イライラ」といった感情です。

「感情をぶつけてはいけない」「イライラしてはいけない」「常ににこやかな表情でコミュニケーションをとる」といったことを意識している人も多いでしょう。しかし、いくら気をつけていても、誰しもふいに、ネガティブな感情を相手にぶつけてしまうことがあります。

なぜ、人は言葉の凶器を反射的に使ってしまうのでしょうか？

その要因は「ストレスの蓄積」です。

もちろん、適度なストレスは集中力を保つうえで不可欠なものですが、ストレスが溜まりすぎると心身ともに疲れてしまいます。

また、**ストレスが溜まると自分のことで精一杯になってしまい、他人のことまで考える余裕をなくしてしまう**のです。

ストレスは知らぬ間に溜まっていきます。そのため、溜まったストレスが爆発する前に、それを減らす方法を日ごろから実践しておく必要があります。

▽イライラ防止には短期的なストレス解消法がお勧め

ストレス解消法には、長期的なものと短期的なものの2種類があります。

長期的なストレス解消法とは、長期休暇を利用した旅行や帰省、週末の登山やキャンプといったアクティビティなどです。会社から遠く離れることでストレスはかなり解消できますし、リフレッシュ効果も大きいです。

しかし、**長期的なストレス解消法だと、終わってしまうと次の休暇が来るまでの長い期間、再びストレスが溜まり続けていく**ことになります。

そのため、短期的なストレス解消法も用意しておくことをお勧めします。

ストレスが溜まって「パフォーマンスが落ちてきたな」と感じたら、できるだけその日のうちに解消し、ストレスを溜め続けないようにするのです。

たとえば、1日に数回、深呼吸や体操をする、あるいは散歩やスポーツ、一人カラオケに行く、好きな音楽を聴くといった方法でもいいでしょう。

なお、短期的なストレス解消法は、なるべく一人で気軽にできる方法を選びましょう。相手が必要なものだと、お互いの時間の調整などが思いどおりにいかず、かえってストレスの原因になることもあるからです。

すぐにできるストレス解消法と聞くと、「お酒を飲む」「友人と愚痴を言い合う」といった方法を思い浮かべる人もいるかもしれませんが、**お酒や愚痴は、度が過ぎると体調を崩したり、自己嫌悪に陥ってかえってストレスが溜まったりする**こともあるので、ほどほどにしておいたほうがいいでしょう。

▽イライラしないための「儀式」を決めておく

「否定的な伝え方」をしないためには、単純に「怒りの感情を表に出さない」

ことも大切です。そのためには、**頭の中を冷静にするための儀式を準備しておくといいでしょう**。

たとえば、イライラしたときには「深呼吸する」「水を飲む」「チョコレートなど好きなお菓子を食べる」「体を動かす」「家族や恋人、ペットなどの写真を見る」といった**心を落ち着かせる行動をとることをルール化する**のです。

また、**自分がイライラしがちな曜日や時間帯、イライラしやすい相手などを把握したうえで、対策を考えておく**ことも効果的です（64ページ参照）。

どんなときも平常心を保つことは、リーダーとしての必要条件のひとつです（28ページ参照）。悪い報告を部下がしてきたときに、反射的に怒ったりオロオロしたりしないためにも、自分なりの対策を準備しておきましょう。

POINT

怒りの感情を抑えて冷静さを保つために、短期的なストレス解消法を用意しておこう

「叱る」ための感情コントロール術

▽「怒る」と「叱る」は似て非なるもの

部下を指導する立場になると、相手を叱らなければならないときもあります。そのときに意識すべきなのが、「怒る」と「叱る」は違うということです。「怒る」とは、**自分の怒りを感情的に相手にぶつけること**。一方、「叱る」とは、**相手に間違いを改善してもらえるよう注意やアドバイスをすること**です。

本来、叱るべきところを怒ってしまうと、相手には「怒られた」という悪いイメージだけが残り、「行動改善」まで頭が回らなくなってしまいます。

また、怒る側も感情的になっていると、肝心の「改善してほしいこと」を冷静に伝えられない、あるいは伝え漏らすといった悪循環に陥ります。

そうならないようにするためには、次にあげるような「儀式」を用意して、気持ちを落ち着かせましょう。

①**怒りを紙に書き出す**……紙に書くという行為だけで、気持ちを落ち着かせる効果があります。また、紙に感情を書き出していくことによって、相手に伝えたいことを冷静に分析できるというメリットもあります。

②**一度席から離れる**……部下から悪い報告を受けたときなどに、「ちょっと頭の中を整理したい」「トイレに行ってきていい？」などと言って、10分ほど席を離れて歩いたり、軽くストレッチをしたりするといいでしょう。それだけでクールダウンでき、対応策も冷静に考えられるようになります。

③**怒りを点数化する**……人生で一番腹が立ったことを10点とし、「今、直面しているできごとへの怒りは何点だろう」と考えます。「今回は2点だな」などと考えることで、「この怒りは大したものではない」と思えてくるはずです。

④**自分の心を落ち着かせるグッズを用意しておく**……家族や恋人の写真、ペットの写真、絶景写真など、感情を落ち着かせるものをスマホやPCですぐに見られる状態にしておきましょう。

▽自分がイライラしやすい状況を把握し、対策を練っておく

心理学で効果の実証された方法として、「if-then プランニング」と呼ばれる対処法もあります。「if-then」とは、「もしこうなったら、こうする」という意味です。

イライラの感情は起こりやすい状況が決まっています。そこで、**「自分がどんなときにイライラしやすいか」を把握しておき、対策を練っておく**のです。

具体例をあげていきましょう。

① **時間帯を把握する**……人にはそれぞれ「怒りやすい時間帯」があります。たとえば、「自分は月曜日の朝の会議のあとにイライラしやすい」という自覚がある人の場合は、会議後の1時間は「自分のデスクワークに集中する時間」とし（部下がいる人なら「相談禁止タイム」にするなど）、イライラを人にぶつけないための工夫をしましょう。

② **場所を変える**……イライラしたときにはそっと会議室に行く、（テレワー

クであれば）１時間だけ静かなカフェで仕事するなど、時間を限定して場所を変えることで気分転換ができて、イライラが鎮まります。

③シーンを決める……上司から叱責のメールが届いた、取引先から無茶な要望があったなど、イライラにつながりやすい場面では「１分だけ好きなお菓子を食べる」などの対策（行動パターン）を決めておくと心が落ち着きます。

④直接接触を減らす……「つい怒ってしまう部下にはなるべく近づかない」「苦手な相手とは直接会わずにオンライン会議ツールを使う」などと決めておき、トラブルの原因になりがちな相手と直接接触する機会を減らすのもひとつの方法です。「あの人はオンラインでの打ち合わせを好む人」と相手に意識づけてしまえば、不自然に思われることもないでしょう。

POINT

「怒る」と「叱る」は違う！
イライラ防止のための対策法を見つけよう

Column

上司に「悪い報告」をする場合はどうする？

◎ミスやトラブルの報告は「早ければ早いほどいい」わけではない

仕事でミスやトラブルを起こした場合には、「できるだけ早く」上司に報告する必要があります。しかし、「悪いできごと」が起きたから、と何も考えずにすぐさま報告すればいいというわけではありません。

もちろん、報告が「早い」に越したことはありませんが、情報を整理せずにただ「起きたこと」を報告するだけでは、要領を得ない内容になってしまい、報告された相手もどう動くべきか判断できません。

場合によっては、情報が不足しているために、相手が間違った解釈をしてしまい、誤った判断を下してしまうことだって起こり得ます。

それでは、「悪い報告」をしなければならない場合はどうすればいいのか？

仕事ができる人は、ある程度の情報が揃った段階で「できるだけ早く」きちんとした報告をしています。

悪いできごとの連絡を受けたら、その時点で収集できる情報をできるだけ多く集め、確認し、状況を整理してまとめてから上司に報告するのです。

そうすることで、上司も情報を整理しながら話を聞くことができ、判断のスピードも速まるため、間違った指示を出さずにすみます。

最初の報告の前に、集めるべき情報は次の3つです。

①ミスやトラブルの内容や経緯、起こった理由

②上司にどのように動いてほしいか（どのような対策が必要か）

③最悪のケースはどうなるか

これらを5W2H【When・いつ／Where・どこで／Who・誰が・誰に／What・何を／Why・なぜ／How・どのように／How many・どのくらい／How much・いくら】でまとめてから伝えましょう（94ページ参照）。この手順で情報を整理して簡潔に伝えることで、上司も全体像を踏まえてどう対応すべきかが判断しやすくなります。

人は「納得」しないと動いてくれない

▽「説得する」のではなく、「納得してもらう」

人には、「説得されたくない」という心理があります。なぜなら、人は「自らの意見や行動は自分で決めたい」という欲求があるからです。

人は、一方的に「説得」されると、そのあとの行動は「仕方なくやる」か「やらない」のどちらかになることが多く、いい結果が期待できません。

また、強制力をもってやらせようとしても、相手は「押しつけられた」という感覚を持つため、モチベーションも下がってしまいます。

相手に自発的に動いてもらうためには、**「説得する」のではなく、「納得してもらう」**必要があります。説得が「わからせる」ことであるとしたら、納得は「わかること」と言えます。

相手に「納得してもらう」ためには、次のポイントを押さえましょう。

①**回数を重ねて伝える……**一度伝えるだけで納得してもらえるのであれば、もちろんそれ以上時間をかける必要はありません。しかし、そうでなければ時間をかけて丁寧に伝えましょう。回数をかけて話し合うことは関係性や信頼度の強化にもつながるので、ほかの仕事に関しても相乗効果が生まれます。

②**相手の立場を理解する……**「いいからやれ」と押しつけるのではなく、相手の話や意見をしっかり聞き、相手側の立場を理解しましょう。傾聴することで相手は「納得」しやすくなり、信頼感も増します。こちらの意図を理解してほしいのであれば、まずは自分が相手を理解することから始めましょう。

▽「結論」を押しつけるのではなく、「なぜ」をきちんと説明する

また、部下などに指示を出す場合には、「なぜ、そのような指示を出すのか」を**きちんと説明する**必要があります。

たとえば、これまで「既存客の維持に力を入れろ」と言っていたA課長が、

いきなり「営業成績の低迷を挽回するために、新規開拓をしよう」と言い出したとします。しかし、何の説明もなく方針転換を切り出された部下たちは、当然「納得」できないでしょう。中には「上から言われたんだろうな」「思いつきで言っているんだろう」などとバカにする人もいるかもしれません。

そのような状態では部下たちのモチベーションは下がり、方針転換したところでいい結果は得られません。

このように、**結論だけ言って終わりにしてしまうと、相手に「伝わっていない」のとほぼ同じ状態になってしまう**のです。

一方、B課長が会議の冒頭でこう切り出したとします。

「売り上げを上げるには〝単価を上げる〟か、〝販売数量を増やす〟かの、どちらかしかありません。単価を上げられる状況ではないため、先月まで既存顧客への営業や販促施策を強化して販売数量を上げるという方針でがんばってきたけど、あまり結果に結びついていません。そこで、今月からは新規顧客の開拓を強化していきたいのだけれど、みんなはどう思う?」

A課長とB課長の説明では、どちらが「納得しやすい」でしょうか？

言うまでもなく、B課長でしょう。

A課長とB課長はどちらも今まで言っていたことを覆していますが、B課長は「なぜ、新規顧客の開拓を強化するのか」を論理立てて、しっかりと説明しています。

つまり、**「変更する理由」をしっかりと説明すれば、今までの方針を覆す必要性が部下にも伝わり、納得しやすくなる**のです。

メンバーが「納得」して能動的に動くのと、「やらされ感」を持ちながら仕方なく動くのでは、結果も大きく変わります。

部下を動かすためには、「理由」をきちんと説明する必要があるのです。

POINT

相手の立場を考えて理由を説明することで部下は納得し、能動的に行動してくれる

「なぜ?」は相手を追い詰める言葉

▽「なぜ?」より、「何?」という問いかけを

ロジック・ハラスメント（ロジハラ）という言葉があります。ロジック（論理）で相手を追い詰めるハラスメントのことです。

もちろん論理的に考えることは大切です。しかし、正論を過剰に突きつけることによって、相手が反論しにくくなったり、精神的に追い詰めてしまったりする場合があります。

このロジハラを引き起こす可能性があるのが、「なぜ?」という言葉です。

確かに、仕事を進めるうえでは「なぜ?」と要因を考え、掘り下げていくことは必要です。トヨタやリクルートなどでは「なぜを5回繰り返す」そうですが、この場合の「なぜ」は、あくまでも「自分自身への問いかけ」です。

しかし、**相手へ問いかけるときに「なぜ？」という言葉を使うと、言われた側は「追い詰められている……」と感じてしまう**のです。

たとえば、「なぜミスしたの？」という言い方と、「ミスした原因は何かな？」という言い方では、後者のほうが圧迫感を感じないはず。しかし、この2つのフレーズは言いまわしが違うだけで、聞いている内容は同じです。

「なぜ？（Why）」と言われると「人」に焦点を当てているので責められているように感じるのに対し、**「何？（What）」ならば「できごと・モノ」に焦点を当てているので、自分と切り離して冷静に考えられる**のです。

また、「何？」という聞き方をすれば、言われた相手も「行動のどこに問題があったのか」と、客観的な視点で振り返ることができます。

ただし、**「何？」と聞いた場合、相手は原因を一つに絞りこもうとしがち**なので、本当はほかに原因や効果的な解決策があるのに見落としてしまうリスクがあります。そうした危険性がある場合には、「どこ？（Where）」を使って、「どこに原因があるのか、一緒に洗い出してみようか」などと、

「非承認ワード」は「承認ワード」に言い換える

非承認ワード		承認ワード
3Dワード ・でも ・どうせ ・だって	→	**受け止め言葉** ・確かに ・そうなんだ ・なるほど
断定的な言葉 ・そんなはずはない ・絶対に ・君は間違っている	→	**話を促進する言葉** ・それをもっと話してもらえる? ・詳しく教えてくれるかな? ・それで？
否定的な言葉 ・はあ? ・〜ていうか ・言っていることが（何が言いたいのか）まったくわからない	→	**反対意見を受け止める言葉** ・そんな考え方もあるね ・そうくるか ・おもしろいね ・驚いたね

相手の気持ちに寄り添った声かけをしましょう。

▽非承認ワードは厳禁！

この章の冒頭で、相手を承認することの重要性を解説しました。それとは反対に、**相手の承認欲求を弱めてしまう「非承認ワード」**もあります。

その代表例が、**「でも・だって・どうせ」などの「3Dワード」**と呼ばれる言葉です（「だから（さあ）」を加えて、４Ｄワードと呼ぶ場合も）。

たとえば、あなたが誰かと話をしていて「なるほど。でもさ……」などと返されたら、自分の意見を否定されているように感じるはずです。また、「だって」と言われたら言い訳をされているように感じ、「どうせ」と言われたら諦めや自己否定に聞こえるでしょう。

さらに避けるべきなのは、相手の考え方や意見ばかりでなく、能力や人格まで否定するような言葉です。「そもそも君は」「こんなことも知らないの」「そんなこともできなくて恥ずかしくないの」「君は信用できない」といった言葉は、絶対に使ってはいけません。**部下の能力を否定することは、リーダー自身の能力を否定しているのと同じこと**だと考えましょう。

POINT

「なぜ？」で相手を追い詰めない！
相手の承認欲求を弱める非承認ワードもＮＧ

Column

部下が仕事で失敗したときの対処法とは？

◎部下は失敗を積み重ねることで成長する

部下が一度でも失敗すると、その仕事を取り上げてしまい二度とやらせないというリーダーがいます。ひどい人になると、その部下の能力がすべてにおいて低いと評価し、一切の仕事を任せなくなってしまう場合もあります。

一度失敗したからといって仕事を取り上げてしまっては、いつまで経っても成長できません。

そもそも、スキルアップや成長につながるような難易度の高い仕事を、最初から一人でうまくできる人などそうそういません。仮に最初から成功したとしても、まだまだ改善の余地があるというケースがほとんどでしょう。

リーダーは、部下が失敗したら反省させ、改善点を指摘したうえで、再び挑戦させるべきです。責めるのではなく、アドバイスを送りましょう。

あなた自身も、若いころに新しい仕事に挑戦して失敗したことがあるはずです。その失敗を経験したことで、自分が成長できたことを思い出しましょう。もし、「自分は失敗して仕事を取り上げられた……」という人がいたら、同じような嫌な思いを部下にさせないようにしてください。

もし部下が失敗したら、その仕事のどの部分で、なぜつまずいたのかを明確にしておきましょう。なぜなら、失敗をした部下がつまずいたポイントは、次に別の人が挑戦したときにも再びつまずく可能性が高いからです。

つまずいたポイントを記録しておいて、別の部下が再挑戦するときに見直すようにすれば、次に生かすことができます。

もちろん、避けられるミスは避けるべきですが、挑戦したうえでの失敗は決して悪いことではありません。失敗と改善の繰り返しこそが、成功への近道だからです。長い目で見れば、失敗を恐れることのほうがリスクは大きいと考えましょう。

部下は、失敗を積み重ねることで成長するのです。

効果的なほめ方、逆効果なほめ方

▽「ほめる」ときに意識しておきたい5つのポイント

人はほめられるとモチベーションが上がるため、「ほめて育てる」のはいい方法です。ただし、むやみにほめればいいというわけではありません。ほめ方を間違えると、相手を傷つけたり、反感を買ったり、信頼をなくしてしまったりする場合もあるからです。

部下やメンバーをほめるときには、次の5つのポイントを意識しましょう。

①具体的事実をほめる……「がんばっているね」「最近すごいね」といった根拠がないほめ言葉ばかり言っていると、「おだてているだけ」などと見透かされてしまいます。ほめる場合は「営業成績が半年前から8％もアップしているね」などと、具体的な事実をほめるようにしましょう。

②**肯定的な相槌を打つ**……「さすが」「知らなかった」「すごい」「せっかくだから教えて」「そうくるか／それはすごいね／そんな考え方もあるね」といった「さ行ほめ言葉」を使うと、相手は「ほめられている！」と実感します。ただし、相槌だけでは具体性がないので、「さすが！ 今月もチームトップだね」などと、相槌のあとにひと言つけ加えましょう。

③**成長をほめる**……「入社して2カ月、ずいぶん電話対応がうまくなったね」などと、過去と比較して成長している部分をほめましょう。本人が自分の成長に気づいていない場合もあるため、そこを気づかせてあげるとモチベーションがアップします。

④**質問しながらほめる**……年上の部下や気難しい部下に「プレゼンが上手ですね」といったストレートなほめ方をすると、「お前に言われたくないよ」などと逆に反感を買ってしまう可能性も。そこで、「どうしたら、○○さんのようなプレゼン資料をつくれるようになるのですか？」と質問形式でほめると、相手の自尊心を満たすことができます。

⑤ **数字を使ってほめる……**論理的にものごとを考える部下に対しては、「リピート率が20％から30％になりましたね」などと数字を使ってほめるのが効果的。数字がほめる「根拠」になるので、納得してもらえます。

▽かえって逆効果に!? やってはいけない5つのほめ方

かえって逆効果になる「やってはいけないほめ方」もあります。

① **決めつけてほめる……**「60代なのにSNSに詳しいですね」「女性なのに根性あるね」など、年齢・性別・国籍といった相手の属性に絡めた発言は、言った人はほめたつもりでも、相手の気分を害する可能性があります。

② **意外性をほめる……**「やればできるじゃん」「あんなに詳細な分析ができるなんて、びっくりしたよ」といったほめ方は、本心では「ダメだと思っていた」ことを明かしているようなもので、相手のプライドを傷つけます。

③ **上から目線でほめる……**「見直したよ」「部長、さすがですね」といった、上から目線ととれるほめ方はＮＧです。とくに部下から上司にこのような発

言をすると、「何を偉そうに」と思われてしまい逆効果になります。

④**ほめる理由が曖昧……**「がんばっているね」「すごいね」などと曖昧な理由でほめる人は、心にもないことを言って「おだてている」と思われます。

⑤**能力や性格をほめる……**「○○さんは優秀だからね」などと伝えると、相手は喜ぶかもしれません。しかし、相手がミスをしてしまったときに、「せっかく能力をほめられたのに、がっかりされるかな」と思って報告を怠り、ミスを隠蔽《いんぺい》してしまうかもしれません。漠然と「優秀」「仕事ができる」などとひと括りにするのではなく、「プレゼンの資料作成がうまい」「アイデアを出すのが得意」などとピンポイントでほめると、相手は「自分のことを見てくれている」と感じ、承認欲求も満たされます。

POINT

部下を育てたいなら、「効果的なほめ方」と「やってはいけないほめ方」を意識しよう

「否定」はNGだが、「叱る」ことは上司の仕事

▽「叱られて成長したい」と考えている若い世代は多い

今の時代、人を叱ることはとても難しくなっています。とくに上司が部下を叱る場合には、「パワハラになるのではないか」「セクハラになるのではないか」などと、叱ること自体をためらってしまうこともあるでしょう。

しかし、**部下の行動改善を目的に「叱る」ことは必要**です。

部下に何も注意しない上司は一見、優しいと思われるかもしれません。しかし、これは本当の優しさではありません。むしろ、**修正すべき点はしっかりと指摘する人のほうが、部下の将来を考えている優しい上司**と言えます。

現在、いわゆる〝ホワイト企業〟が増えつつある中で「成長できない環境だから」という理由で転職する若い人たちが増えています。これも、必要以

上にハラスメントを恐れる上司の行動が影響しているのかもしれません。実は、**叱ってもらって成長したいという若者は多い**のです。

ですから、適正な意味での「叱る」という行為は、上司の大切な仕事であり、それは部下のためなのです。

上司が本気で向き合えば、叱っても部下に真意は伝わります。

パワハラをして恨まれるのは問題外ですが、多少口うるさい上司でも、数年経過したとき、成長した部下は上司のあなたに感謝するでしょう。

みなさんは、「何も言わない優しい上司」ではなく、「叱って成長させてあげられる優しい上司」を目指しましょう。

▽「大切な話」は、臆さずにしっかりと伝える

とはいえ、優しい性格で「部下に強く言えない」という人もいるでしょう。

そういう人は、部下に言いにくい話をしなければならないときや、少しきつい指摘や注意をするときに、「たいした話じゃないんだけど、ちょっと時

間もらえる?」「私自身、こんなこと言える立場じゃないんだけどさ」といった話し方をしがちです。優しい性格であるがゆえに、周囲に気をつかい、反発を恐れての言い方なのでしょう。

しかし、このような切り出し方だと、部下は「そんなに重要な話ではないな」くらいにしか思わず、伝えたいことがしっかりと伝わりません。

だからといって、虚勢を張るべきとか、強気で話すべきというわけではありません。そのようなことをしても、かえって相手の反感を買うだけです。

では、どうしたらいいのか?

そうした場合は、**「言いにくい」という気持ちは隠さずに自己開示し、そのあとに「大切な話である」ということをしっかり伝えればいい**のです。

「言いにくいことなんだけどさ、大切な話なので、ちゃんと聞いてほしい」

「もしかしたら気分を害してしまうかもしれないけど、重要なことなので、話しておくね」

このように不安や恐れ、罪悪感などがあることを素直に自己開示して、「大切な話だから」と伝えるのです。そうすることで、お互いの不安や恐れが軽減され、スムーズに話が進められるようになります。そうすれば、相手も「言いづらいという気持ちを打ち明けてくれた」と、むしろ好感を持ってくれるでしょう。

なお、**叱るときは「語尾」にも気をつけましょう。**「～なんだけど……」「～してほしいんだけど……」といった語尾がはっきりしない言い方をすると、「大切な話」であることが伝わらず、相手も「何が言いたいんだろう？」と戸惑ってしまいます。

伝えるときは「～です」「～してほしいです」と、はっきりとした語尾で伝えるように心がけましょう。

POINT

「叱らない優しい上司」ではなく、「叱って成長させる優しい上司」になろう

相手を傷つけない叱り方のコツ

▽「叱る」ときに意識しておきたい5つのポイント

最近は、叱られることに慣れておらず、少し叱られただけで必要以上に落ち込んでしまう若い人が増えています。だからといって、叱らずに放置してしまうと行動改善ができず、成長もできません。

相手を傷つけずに叱るためには、**「叱る」と「怒る」を混同しない**（62ページ参照）、**「なぜ」ではなく「何」と聞く**（72ページ参照）、**人格や能力を否定しない**（75ページ参照）こと以外にも、いくつかポイントがあります。

①叱るポイントを1つに絞る……人は一度にいろいろ言われると、どこから改善すればいいのかわからなくなってしまいます。優先順位を明確にするためにも、**叱る内容は1回につき1つ**に絞りましょう。「そういえば、あの

とき……」などと過去のことを持ち出すのもNGです。

②改善提案を出して叱る……叱る目的は、相手のダメな点を指摘することではなく、行動改善をうながすことです。場合によっては「考えてもらうために、すぐに改善案を出さない」という方法もありですが、基本的には「どのようにすれば、よくなるのか」という改善案を一緒につけ加えるべきです。

③相手を追い詰めない……相手を追い詰めてしまっては、行動改善につながりません。「言い訳するなよ」「文句あるのか」などと相手を追い詰めるのではなく、「納得してないみたいだね。意見を聞こうか」「今回の件で絶対に譲れないという点があれば、教えてくれるかな」などと、まずは相手の話を聞き、意見や考えを受け入れる姿勢を示しましょう。

④親近効果に気をつける……「親近効果」とは、最後に提示された情報が、印象や判断に強く影響する心理効果のことです。たとえば、部下を叱ったときに「二度と同じことを繰り返すな」「次は間違えるなよ」などときつい言葉で話を終えると、相手は必要以上に落ち込んでしまいます。

そのため、**締めのひと言は「まずはここから直そう。がんばっていこう」「明日から頼むね」**などと**「前向きな言葉」で伝えましょう。**

⑤ **差別をしない**……人は「感情の生き物」なので、同じミスをした場合も「Aさんには叱るけど、Bさんには叱らない」などと差別をしてしまいがちです。

しかし、このようにブレるリーダーは信頼されません。感情の赴くままに叱るのではなく、「ミスをしたことは叱らず、ミスの報告を24時間以上してこなかったことは叱る」などと、**自分の中でルールを明確化**しましょう。

▽やってはいけない「悪い叱り方」に気をつける

叱るときは、「すぐにその場で叱る」ことを意識しましょう。

「前から言おうと思っていたんだけど」「先月のプレゼンのことなんだけど」などと過去のことをほじくり返して叱ると、相手は「前から思っていたなら、早く言ってほしかった」「まだそんなことを思っていたのか」などと感じ、不満や反発も出てくるかもしれません。そもそも、相手は過去のミスなど覚えていないかもしれません。そんな状態でミスの振り返りをしたところで、有意義な時間にはならないでしょう。

一方、すぐにその場で叱れば、部下がミスについて忘れることも、「今さら言われても……」などと反発することもありません。**ミスの記憶が鮮明であれば、相手も素直に受け入れることができるので改善もしやすくなります。**

また、部下の信頼を得られないリーダーには、「締め切りも守れないなんてダメなヤツ」などと**相手の人格に触れて叱る**、「○○さんはちゃんと提出してるよ」などと**誰かと比較して叱る**、同じ遅刻でも若手は叱るのにベテランは叱らないなど、**叱り方に一貫性がない**といった共通点があります。

これらの「悪い叱り方」に心当たりがある人は、改善を心がけましょう。

POINT

叱るときのポイントを意識して、相手を傷つけない叱り方を身につけよう

「報連相」がしやすい環境とは？

▽「報連相」を徹底するためには、信頼関係の構築が必要

そもそも、「報連相《ほうれんそう》（報告・連絡・相談）」の目的は何でしょうか？

報連相とは、情報を把握し、業務進行の手助けにするためのものです。報連相がうまく機能しないとミスやトラブルが増え、対策が遅れるうえ改善も行われないので、結果として業績が低迷してしまいます。さらには社内の風通しも悪くなり、最悪の場合、退職者続出……なんてこともあり得ます。

部下がつたない報告をしてきたり、相談の仕方や内容のレベルが低かったりすると、ついイライラしてしまうこともあるでしょう。でも、そこは我慢。**部下を認めず、意味もなく厳しく接しているリーダーのもとには、有益な報連相が上がってくることはありません。**なぜなら、部下は「悪い報告をして

怒られるくらいなら、報告しなくていいや」と思うからです。

もうひとつ、報連相が上がってこないパターンのリーダーがいます。それは、**部下が報告してきたことに対して、何の対策もしないリーダー**です。

部下の中には、あまり重要性の高くない細かい報告をたくさんしてきたり、自社ではどう考えても対応できないような相談ばかりしてきたりする人もいます。

しかし、そのような報連相に対して「そんな細かいことを気にしても仕方ない」「うちの会社では無理だ」「お客の言いなりになってばかりではダメだろ」などと**突き放すような対応ばかりしていると、部下のモチベーションは下がり、やがて必要最低限の報連相しかしてくれなくなる**でしょう。

なぜなら、「どうせ報告しても何もしてくれない……。しかも怒られる可能性もあるなら、報告しないほうがいい」と思ってしまうからです。

上司と部下の関係は、信頼の積み重ねの上に成り立つものです。

小さなことでも対応する、難題や面倒な事案でもどこかに落としどころはないか折衷案を考えてみる、上層部にかけあってみるなど、部下の報連相に対して、そうした細やかな対応ができるリーダーは信頼されます。

だから、部下から報告・連絡・相談を受けたら一蹴するのではなく、何らかの対応をする、あるいは対応策を一緒に考えるよう心がけましょう。

その積み重ねがあるかどうかが、報連相が上がってくるリーダーと上がってこないリーダーの違いなのです。

▽「報連相」をしやすくするための2つの解決策

部下が報連相をしやすくするためには、次の2つを意識しましょう。

1つめは「承認」です。たとえば、報告や連絡が遅れた場合も、遅れたことを叱るのではなく、報告や連絡を受けたときに「おお、その報告を待っていたんだ」「その連絡を待っていたんだ」などと部下を承認するのです。

「すぐに報告しろ」と叱ったところで、かえって部下の反発を招くかもしれません。しかし、「待っていた」と伝えると、相手は「報連相は重要なものなんだ」と認識します。「すぐに報告してくれてありがとう」「よく相談してくれた」などと評価するのもいいでしょう。報連相をするという行為自体を評価することで、部下のモチベーションも上がります。

2つめは**「ルール化」**です。たとえば、部下が報告や相談に来たときに、**「いい報告？ 悪い報告？」と、最初に聞いてしまう**のです。

「いい報告」であれば、そのまま聞けばいいだけです。一方、「悪い報告」だった場合は、「トイレに行ってくる」「コーヒーを買ってくる」などと伝えて、いったん心を落ち着かせてから聞くようにします。**これをルール化することで、つい感情的になってしまうことが減り、部下も報連相がしやすくなる**でしょう。

POINT

イライラせずにしっかり対応して、「報連相」がしやすい環境をつくろう

Column

報連相では「5W2Hシート」を活用しよう

◎「あれ」や「それ」では相手に伝わらない

みなさんも、「あれ、どうなった?」「それ取って」などと言われて、何のことかさっぱりわからなかったという経験はありませんか? 言う側にとって自明のことでも、「あれ」「それ」では、聞き手にはなかなか伝わりません。相手に「報連相」をするときや、何かを伝えたり頼んだりするときには、「5W2H」を明確にする必要があります。

そのためには、「5W2Hシート」の活用が効果的です。「時間もかかるし面倒だよ」と思う人もいるかもしれません。しかし、うまく伝わらず相手をイラつかせたり、報告や相談の内容を整理し直したりする時間を考えれば、前もって「5W2H」を書き出しておいたほうがスムーズにことが運びます。

慣れれば1~2分で記入できるようになるので、試してみてください。

「5W2Hシート」の記入例

・When：いつ［期限・実施時期・決定時期など］

来年1月に確定、来年4月に実施する（予定）

・Where：どこで［会社名・部署・場所など］

（株）武田堂　宣伝部で打ち合わせ

・Who：誰が・誰に［決定権者・商談した相手など］

商談相手は今福係長と小山田課長、決定権者は穴山部長

・What：何を［問題点・商品名など］

新商品「風林火山ソープ」販促イベントを開催

・Why：なぜ［理由］

商品の認知拡大のために

・How：どのように［方法・どう解決したいかなど］

体験イベントによる口コミ効果などを狙う

・How many/How much：どのくらい［金額・数量など］

予算600万円くらい

第2章のまとめ

◉「否定しない」第一歩は相手を承認すること。挨拶などの〝当たり前のこと〟を大切に！

◉「否定」の最大の要因はストレスからくる怒りやイライラ。ストレスはその日のうちに解消を！

◉問いかけるときは「なぜ？」と追い詰めるのではなく、「何が？」とできごとに焦点を当てて聞く。

◉部下に指示をするときは、「説得する」のではなく「納得してもらう」ことを意識する。

◉本当に優しい上司とは、「何も言わない上司」ではなく、「叱って成長させてあげられる上司」。

第3章

「否定しない」人のメンタル&コミュニケーション術

まわりから信頼される人は何を考え、どんなことを実践しているのか? その具体的なメソッドとは?

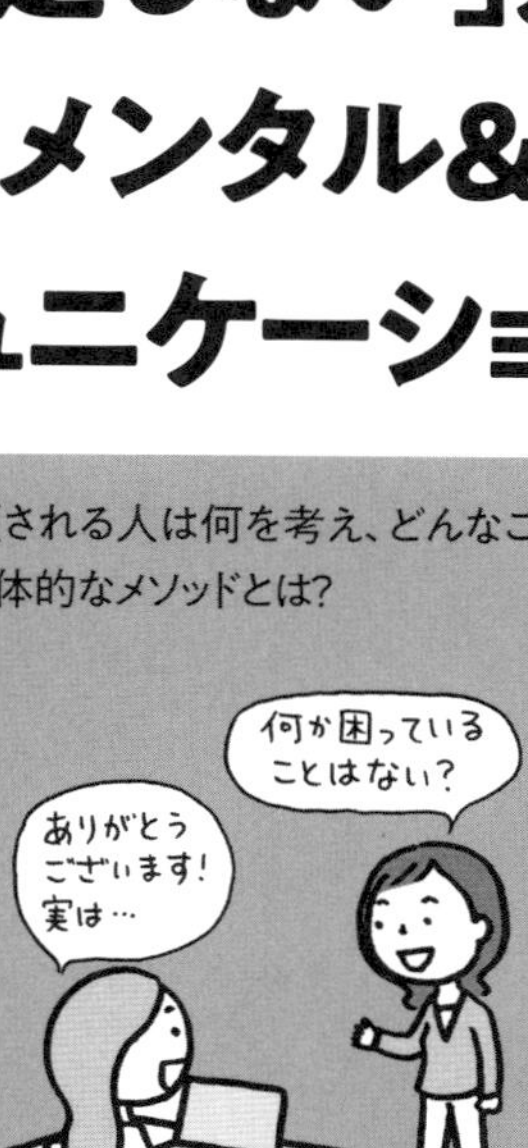

リーダーには「任せる勇気」が必要

▽中間管理職に求められる2つの役割

世の中の変化のスピードがそれほど速くなかった時代には、中間管理職は「マネジメント能力」があれば務まりました。しかし、時代は変わりました。

今は、中間管理職にも「リーダーシップ」が求められる時代です。

つまり、**現代の中間管理職には、リーダーとマネージャーの2つの役割をこなすことが求められている**のです。

「リーダー」と「マネージャー」と聞くと、「何が違うの？」と思う人もいるかもしれませんが、実のところ、その役割はまったく異なります。

リーダーの役割は「チームを適切な方向へと導く」ことです。そのためには、リーダーはビジョンをつくり、それをメンバーに提示する必要があります。つまり、チームの方向性を示し、形づくるのです。また、メンバーにビジョンを示して共感してもらい、それに向かってパフォーマンスを最大限に発揮してもらうことも、リーダーが担うべき大切な役割です。

それに対して、**マネージャーの役割とは「ルールやしくみがきちんと運用されているかどうかを統制する」**ことです。マネージャーが統制することで、誰もが同じ手順を踏んで、高品質の製品をつくったり、サービスを提供したりすることが可能になります。しかし、**マネジメントが行きすぎて、管理そのものが目的になってしまう**というケースもしばしばあります。

「ルールどおりにやっているかどうかを監視することが目的化してしまう」「書類の書き方など形式ばかり重視する」——このようなマネジメントでは、イノベーションが生まれるどころか、新しいことに挑戦する人すらいなくなってしまいます。

現代のリーダーは、リーダーシップとマネジメントのバランスに注意し、**とくにマネジメントの状態が適切かどうかを常に心がける**必要があります。

▽仕事や権限を任せて、失敗するチャンスを与える

そもそもリーダーの役割は、「チーム全員で結果を出す」ことと「部下の育成」の2つに集約されます。「組織はリーダーの力量以上にならない」という言葉がありますが、これを誤って解釈している人がたくさんいます。「力量」を「能力」と勘違いしていて、「すべての面においてリーダーが部下よりも優秀でなければならない」と思い込んでいるのです。

リーダーと部下では、果たすべき役割が違います。リーダーが部下の「能力」に対抗意識を持って、部下と同じように現場の仕事に取り組んでしまうと、リーダーが本来やるべき仕事ができなくなってしまいます。

それどころか、現場に介入しすぎて部下の仕事を奪ったり、やり方を細かく指示したりしていると、部下が仕事をしづらくなってしまいます。

人は「指示されてやる」よりも、「自分で考えてやる」ほうがモチベーションが上がります。

ですから、仕事や権限は部下にどんどん渡しましょう。自主性に任せて権限委譲（エンパワーメント）をすることで、部下は成長します。

最初は失敗する部下もいるでしょうが、気にしてはいけません。むしろ、**部下にどんどん失敗するチャンスを与えましょう。**成長してほしいと思うなら、リーダーの持っている情報やリソース、権限などを与えたうえで、部下たちが自分で考えたやり方でやらせるしかありません。

これが「部下を育てる」ということです。

いつまでも「自分が」にこだわり続けるリーダーは、この「部下に任せる」という能力が獲得できず、やがては停滞や自己欺瞞《じこぎまん》に陥り、部下の信頼も失ってしまいます。

POINT

行きすぎたマネジメントは逆効果……
「任せる」ことで部下を育てよう

リーダーは脇役に徹して部下を主役にする

▽主役は部下であり、リーダーは補佐役

今のようにインターネットもスマホもなかった時代には、リーダーは部下よりも多くの情報を持っていました。そのため、上司から部下に一方的に指示するだけのタテ型リーダーシップで十分にマネジメントが可能でした。

しかし、今はインターネットの普及によって誰もが仕事に必要な情報を得られるようになり、リーダーと部下の間の「情報格差」はほとんどなくなりました。むしろ若手メンバーのほうがインターネットを使いこなしている分、分野によってはリーダーよりも多くの情報を持っているなんてこともしばしばあります。

そのため、かつて上司の指示は「絶対的に正しく、従うべきもの」でした

が、今は必ずしもそうとは限りません。

だからこそ「発想の転換」が必要なのです。

かつての職場では、リーダーが主役で、部下はその補佐的な役割を行うというのがスタンダードでした。しかし、今は違います。**部下を主役にして、リーダーが補佐役に回る**のです。

確かに新人であったり、転職や異動などで新しく仕事を始めたりした人には「ティーチング」で教える必要があります。しかし、**仕事に慣れてきたら「コーチング」に切り替えて、相手の良い部分を引き出していくというのが、現代のあるべきリーダーシップ**です。

▽「任せない」ことのデメリット、「任せる」ことのメリット

「うちのチームのヤツらは自発的に仕事をしないんだよ」などと言うリーダーは、たいてい部下に仕事を任せていません。部下に任せないで、いつまでも上司が現場の仕事を抱え込んでいると、次のような問題が生じます。

①部下が成長しない……部下に「簡単な仕事」しか任せていないと、永遠に成長しません。仕事は「できるようになったから任せる」のではなく、「任せるからできるようになる」のです。もちろん、難しい仕事は丸投げするのではなく、要所要所で確認やサポートをする必要があります。

②長時間労働になる……リーダーが仕事を抱え込んで夜遅くまで残業していると、部下も帰りづらくなります。また、長時間労働でリーダーが自分の時間を持てなくなると、自己研鑽《けんさん》の時間が持てないため成長が鈍化し、その人が率いるチームの成長も停滞します。

③リーダーの不在時に仕事が回らない……リーダーがやっている仕事を部下もある程度できないと、リーダーが不在のときにお客様や関係者に迷惑をかけてしまい、仕事の信用をなくしてしまいます。そうした事態を避けるためには、ふだんから部下に仕事を任せるだけでなく、リーダー個人に依存した知識やスキルをメンバーと共有しておく必要があります。

④部下に主体性が生まれない……部下に同じ仕事や簡単にできる仕事ばか

りやらせていると、**新しいことに挑戦する意欲が失われていきます。**また、そうした環境下では主体性も生まれません。

一方、仕事を任せることは部下にとってばかりでなく、リーダーにとっても多くのメリットがあります。

まず、「部下の育成」や「長期的な視点から新しい戦略を考える」といった、**リーダーが本来やるべき仕事に集中できる**ようになります。また、部下への指導やアドバイスに多くの時間を割くことによって、**リーダー自身の指導力やコミュニケーション能力がアップ**します。さらには、リーダーが部下に仕事を任せて率先して早く帰宅するようになれば、部下も早く仕事を終わらせるようになるため、**チームの働き方改革**にもつながるでしょう。

POINT

リーダーは主役ではなく補佐役
部下に現場を任せてチームを成長させよう！

Column

すべての部下に平等に接するべき？

◎部下のレベルに応じて接することでチームの能力を引き出す

リーダーはどんな部下に対しても同じような態度で、平等にコミュニケーションをとらなければ信頼を得ることはできません。

だからといって、すべての部下に仕事を平等に割り振り、かかわり方も同じにすればいいというわけではありません。リーダーは、部下のレベルに応じて対応を変える必要があるのです。１９７７年に行動科学者のポール・ハーシーと組織心理学者のケネス・ブランチャードが提唱した「シチュエーショナル・リーダーシップ理論（ＳＬ理論）」という学説があります。この理論では、どんな部下も一律に扱うのではなく、意欲・能力・自立度などを含めた「成熟度（シチュエーション）」に応じてリーダーシップを発揮し、仕事の振り方、任せ方を変える必要があると説いています。

● **レベル1：業務知識やスキルがほとんどない**……この段階の部下には、一方的に細かく仕事の指示をする「教示的」なスタイルが適しています。

● **レベル2：業務にある程度慣れてきたが、まだ不十分な点がある**……この段階の部下には、その仕事をやる意義を伝えるなど「説得的」なスタイルが求められます。

● **レベル3：業務は一人で遂行できるが、マンネリ化してきている**……この段階の部下には、本人の主体性を尊重しつつ、協同して課題解決を図る「参加的」なスタイルが求められます。

● **レベル4：高い成果を出せる専門家として信頼できる**……この段階の部下には、思い切って意思決定まで任せる「委任的」なスタイルが適しています。

ただし、部下から「どうして人によって対応を変えるのか」を問われたら、その理由を具体的に説明できる状態にしておく必要があります。

リーダーは常にチームや部下の状態を気にとめ、各人の「レベルに応じて接する」ことで、チームの能力を最大限に引き出すことができるのです。

「尊敬」よりも「信頼」を重視しよう

▽部下の信頼を得るために「心理的安全性」を確保する

リーダーたるもの、部下から尊敬されるべし。そう考えている人も多いのではないでしょうか。

もちろん、部下から「尊敬される」のはいいことですが、繊細な若者が多い現代の職場において、それ以上に重要なのは「信頼される」ことです。

部下からの信頼を得るには、まずは相手の話を聞くことが重要です。しかし、ただ「話を聞こうか？」と言っても、相手が本心を話すとは限りません。

大切なのは、部下が「この人に話しても大丈夫」という心理的に安全な場をつくること、つまり心理的安全性（18ページ参照）を確保することです。

ベストセラー『1兆ドルコーチ』（エリック・シュミット、ジョナサン・

ローゼンバーグ、アラン・イーグル共著、桜井祐子訳／ダイヤモンド社）では、心理的安全性について「チームメンバーが、安心して対人リスクをとれるという共通認識を持っている状態であり（中略）ありのままでいることに心地よさを感じられるようなチームの風土である」と説明しています。

そもそも部下が「話しても大丈夫」と思えないのは、リーダーが「信頼関係の土台」を築けていないことが要因です。何よりも、**リーダーは自分で思っている以上に部下に対して「圧」を感じさせています。**部下からすると、リーダーは評価する権利も命令権もあるわけですから、当然です。

たとえば、部下に弱みを見せずにチームを引っ張るタイプのリーダーから、「気を引き締めていこう」「厳しいときこそ仕事に打ち込め」などと叱咤激励され続けたら、あなたはどう感じるでしょうか？

もちろん、相手を励ますことが悪いわけではありません。しかし、それが毎回繰り返されるとつらく感じて、「本音で相談できない……」「弱気なことなんて言えない……」といった気持ちになってしまうはずです。

▽ときには部下に対して「愚痴」を言ってみる

ですから、**ときにはリーダーが率先して「愚痴を言う」ことも大切**です。「一日中座り続けて腰が痛くなってきた」「お昼過ぎは眠気との闘いだよ」といった軽い愚痴なら、かえって相手の心を和ませる効果があります。

あなたも、こんな上司に対してなら、「ちょっと悩みごとを相談しようかな」という気持ちになるのではないでしょうか。

ただし、**同じ愚痴でも「会社やほかの人の悪口、誹謗中傷」などは厳禁**です。リーダーになると、部下や他部署とのコミュニケーションが増えるので、ついつい他人の悪口や愚痴を言いたくなるものです。しかし、悪口を言われたことを知った相手は、必ずあなたのことを批判するようになります。そうなれば、仕事や業績に悪い影響を及ぼすことは間違いありません。

とはいえ、人間であれば誰しも、他人の愚痴や悪口を言いたくなることもあるものです。そんなときには、次の2つの方法をとるといいでしょう。

①ナンバー2の部下の前だけで言う……ナンバー2の部下とはできるだけ多くの情報を共有しておく必要があるため、困った部下や他部署に関する悪口や愚痴を言い合うことも必要です。困っていることを自己開示することで、信頼関係も深まるでしょう。また、ナンバー2はプレイヤー側からの視点で考えることができるので、リーダーが気づけなかった指導のポイントを教えてもらえる可能性もあります。

②まったく関係ない第三者に話す……自分の仕事と関係のない人に愚痴を言うのもありです。もちろん、悪口の対象に伝わらないからというのもありますが、その人から意外な解決のヒントが得られる場合もあるからです。とくに異なる業界や業種で活躍している人の話は参考になることが多いです。

POINT

「尊敬」よりも「信頼」のほうが大切! 部下の話を聞いて信頼関係の土台を築こう

「なぜ、あなたに頼むのか」を伝え、「手段」は部下に決めさせる

▽人に仕事を頼むときには「3つの情報」を伝える

「これ、やっといて」

こんなふうにリーダーから丸投げされたら、あなたは、どう感じるでしょうか。おそらく、「頼み方が雑」「自分勝手だな」などと感じるはずです。「部下ならリーダーの仕事を引き受けるのは当たり前」という態度がにじみでているからです。

そもそも、人は理由や目的がわからない仕事を嫌がります。誰かに仕事を頼むのであれば、少なくとも、**①仕事の内容（What）、②なぜその仕事をするのか（Why）、③進め方・手段（How）の3つの情報は必要**です。

たとえば、前回までリーダーが自ら担当していた年末キャンペーンのプロ

ジェクトリーダーを部下に引き継ぐとします。

この場合の①Ｗｈａｔは、「年末キャンペーンのプロジェクトリーダーを担当してもらう」ことです。そして、②Ｗｈｙを伝えるときに重要なのが、「なぜ、(会社・チームのために)その仕事をする必要があるのか」だけではなく、**「なぜ、あなたに頼むのか」も併せて伝える**ことです。

なぜなら、意識の高い人であれば「組織のため」という理由で率先して働く場合もあるかもしれませんが、多くの人にとって「自分自身のため」という理由ほどには心に響かず、「納得」しづらいからです。

リーダーはつい「会社のため」「部署のため」という視点で仕事を任せがちですが、そうした**組織のメリットだけを伝える頼み方だと、「なぜ私が?」と疑問に思い、「押しつけられた……」と感じる人もいます。**

だからこそ、「あなたにやってほしいから」と、その人に頼む理由を明示する必要があるのです。

「将来を踏まえて、仕切れるようになってほしい」「次期の昇進につながるから」「1ステージ上の仕事をしてほしい」などと、相手のモチベーションを上げる「Why」の伝え方をすることで、部下は任された仕事を「自分ごと」と感じ、能動的に動いてくれるようになるでしょう。

▽質問事項はリーダーが考え、部下に決めさせる

もうひとつ重要なのが、③Howの伝え方です。

How（手段、やり方）については、リーダーが決めるのではなく、部下に決めさせましょう。このとき注意が必要なのは、リーダーが自分で決めて「これでいいか？」と確認していくようなやり方にしないということです。

「メンバーの分担はどうするのか」「専用のウェブサイトをつくるのか」「目標の数値はどのように設定するのか」など、質問事項はリーダーが考え、部下にはできるだけオープン・クエスチョンを使って、「どうしたらいいと思う？」と問いかけていくといいでしょう。

オープン・クエスチョンとは、質問に対して「Yes／No」ではなく、

考えや状況によってさまざまな答え方ができるようにする質問のことです。

分担はどうするのか、どの方法で売っていくのか、といった細かい手段（Ｈｏｗ）までリーダーが決めてしまうと、部下にとっては「他人ごと」になってしまい、「自分で考える」ということをしなくなってしまいます。

一方、Ｈｏｗを部下に決めさせると、そのプロジェクトが「自分ごと」になるのでモチベーションが上がり、責任を感じて能動的に動くようになります。また、**部下が自ら考えて行動することで成長スピードも加速します。**

せっかく部下に仕事を任せるのであれば、部下にどんどん決めさせましょう。そのうえで、**部下が迷っていたり、間違った方向に行きそうになったりしたら、修正を手助けしていけばいい**のです。

POINT

部下が自分で考えて行動し、成長できる「Ｗｈｙ」と「Ｈｏｗ」の伝え方を心がけよう

Column

相手に質問する際は「選択肢」を提示しよう

◎「クローズド・クエスチョン」の2つのメリット

相手を「否定する」ことを避けるうえで効果的な方法のひとつが、相手に選択肢を提示することです。たとえば、相手に質問するときに「どうすればいいと思う？」と聞くのではなく、「イベントとSNSキャンペーン、どっちがいいと思う？」などと、選択肢を提示して聞くのです。

相手を否定してしまう要因のひとつが、相手の予期せぬ答えや言動です。であれば、質問とセットであえて解答例を出すことで、あなたが「否定したくなるような回答」を減らすことができます。このように選択肢を限定して相手の答えを引き出す方法を「クローズド・クエスチョン」といいます。

選択肢を提示する聞き方は、相手の行動をうながす場合にも効果的です。たとえば、成績不振の部下に「新規開拓をしよう。どんな方法でもいいから」と言っても、なかなか能動的には動きたがらないでしょう。そもそも、指示されないと動かない人は、どんな方法をとるか選ぶのも苦手です。

実は、「自由にやっていいよ」という伝え方は、自分で考えて動くのが好きなタイプの人以外に対しては、より相手を動きにくくしてしまうのです。

そのため、なかなか動かない部下に動いてほしい場合は、「毎日10件テレアポをするか、毎日15件のメールアポをするか、週2回飛び込み営業をするか、どれがいい？」などと選択肢を提示して聞いてみましょう。そうすることで、本人が一番「やりやすい」と感じた行動を選びやすくなります。

そもそも人は説得されるより、自分で決めたいものです。だから、なかなか動こうとしない相手を動かすときは、こちらから複数の選択肢を準備したうえで、相手が決められるようにしましょう。

ただし、人は選択肢が多すぎると迷ってしまい、選択や行動がしづらくなるので、相手を動かしたい場合は、選択肢は多くても3つくらいまでに絞ったほうがいいでしょう。

部下にかけるべき「適度な負荷」とは？

▽部下の成長をうながすのは「挑戦ゾーン」の仕事

第1章で、リーダーは成長につながるような仕事を部下にさせる必要があり、そのためには、部下に適度な負荷を与えることも大切であることを解説しました（29ページ参照）。

そもそも、どんなリーダーも、新人のときから困難な仕事を任されて、結果を出してきたからこそリーダーになれたのです。それなのに、自分がリーダーになった途端、「クオリティが落ちるかもしれない……」「納期に間に合わないかもしれない……」などと心配し、部下に対して「今できる範囲」の**仕事しか与えないでいると、部下はいつまで経っても成長できません。**

それでは、部下にとっての「適度な負荷」とは、どのくらいのものでしょうか？

仕事の難易度は、大きく分けると次の3つの領域に分かれます。

①**安心ゾーン**……現在の能力やスキルで問題なく取り組める仕事。ルーティンワークになっているものや、誰の力も借りずにできるものなど。

②**挑戦ゾーン**……負荷でいうと110%くらいの仕事。今までのやり方では達成が難しいが、知識を得たり、工夫したりすればできる程度の難易度。

③**混乱ゾーン**……負荷でいうと150%くらいの仕事。今のスキルや人員、予算などの経営資源で達成するにはかなり困難を極める仕事や、誰も達成していないレベルの仕事。

この①〜③のうち、**部下の成長をうながす適度な負荷となるのは、②の「挑戦ゾーン」**です。この3つの領域を念頭に置いて、「仕事を頼む場合、この部下はどの領域に入るだろうか？」と個別に考えることで、それぞれの部下の能力に合った仕事の割り振りができるようになります。

部下の失敗を過度に恐れるリーダーは、部下が「安心ゾーン」でいられるような仕事しか任せません。

一方、部下が育つリーダーは、ときには困難な「挑戦ゾーン」だと感じる仕事でも、必要だと思えば与えます。

また、**部下は挑戦ゾーンの仕事をすることで新たな知識やスキルが身につくのはもちろん、高い視点（上司や経営者などの視点、意識）で自分が取り組んでいる仕事を俯瞰《ふかん》できるようになり、気づきを得る機会も増えます。**

ときには、「今できる範囲」よりもレベルが1つ高い挑戦ゾーンの仕事を任せることもリーダーの大切な仕事なのです。

▽「できる部下」に対するケアやサポートも忘れずに

リーダーにとって難しい問題のひとつが、「できる部下」との接し方です。

できる部下は放っておいても結果を出してくれるため、リーダーの多くは「できない部下」の指導に時間を割きがちです。

しかし、「できるから」と放置するのは危険です。なぜなら、**できる部下**

ほど、内心ではリーダーの指導を求めていることが多いからです。

たとえば、営業などの部署では優秀な人が顧客を開拓し、顧客が増えれば増えるほど仕事が多くなっていきます。優秀な人は仕事をやり遂げられないことを嫌うため、多少無理をしてでも仕上げようとします。その結果、ストレスを溜め込んでメンタル不調に陥り、退職してしまうかもしれません。

「できる人には仕事が集まる」と言いますが、実際に、**難しい仕事は優秀な人に集まることが多く、それらを抱え込んで疲弊してしまう**のです。

だからこそ、できる部下に対しては、リーダーの側から積極的に「ほかのメンバーに振ることのできる仕事はないか？」「自分がサポートできることはないか？」などと聞いてあげる必要があるのです。

POINT

難しすぎない「挑戦」をうながすことは、部下に対するリーダーの大切な役割

「ダメな自分」を部下にさらけ出す

▽「自慢話」よりも「失敗談」をしたほうが部下に信頼される

たまに、自分の成功体験や自慢話ばかりする人がいます。そういう人は、自分のミスや失敗については話したがりません。ミスや失敗したことをまわりの人に知られたら、自分の評価が下がると思っているからです。

そうした行動の裏には、自分に対する自信のなさがあります。「すごい人」「できる人」などと思ってもらうことで自信のなさを埋め合わせようと、成功体験や自慢話をし続けるのです。しかし、**自慢話や成功譚ばかりを聞かされるのは、誰でも嫌なもの**です。そのため、部下からも敬遠され、結果として一人で仕事を抱え込まざるを得なくなってしまいます。

一方、**部下に信頼されるリーダーは、自分の失敗談をどんどん話します。**

「自分で自分の失敗談を話して、失望されたり評価が下がったりしないの？」と思った人もいるかもしれませんが、むしろ逆です。

自分の失敗談を率先して話すことには、次のようなメリットがあります。

①**親しみを持ってもらえる**……失敗談を聞いた相手は、「○○さんでも自分と同じような失敗をするんだ」と親しみを感じます。また、「自分もちょっと失敗したくらいで落ち込んでいる場合じゃない」と奮起することも。

②**部下が同じ失敗を繰り返すリスクを回避できる**……失敗談を話すことで、相手は「こういうことをすると失敗する可能性があるんだ」と気づけます。しかも「実際に起きたできごと」なのでイメージしやすく、アドバイスや注意として伝えるよりも効果的です。また、リーダーが自ら失敗談を話すことで、ほかのメンバーも自分の失敗を自己開示しやすくなり、結果、リスク回避のための知識をチーム内で共有できるようになります。

ただし、失敗を自己開示するといっても、深刻すぎて笑えないミスや人格を疑われそうな失敗談は、「この人、大丈夫かな……」と不信感を抱かれる

可能性があるので、避けたほうがいいでしょう。

▽優秀なリーダーは「相手を認め、謙虚に学ぶ」

プレイヤー時代に優秀だった上司は、負けず嫌いな人が多いです。また、そういう人の中には、「すべての面において部下より優れていなければならない」と思い込んでいる人がけっこういます。

しかし、現実問題として「この人は自分より優秀だな」「総合的には勝っていても、この分野ではかなわないな」などと感じる部下が必ず現れます。

一方、**部下を育てるのが上手な上司は、自分が完璧でないことを知っています**。だから、自ら先頭に立って引っ張るより、部下を前面に出して、何かあったときは後ろからフォローすればいいと考えています。さらには、自分より優秀だと思った部下に対しては、対決するどころか教えを請います。また、ときには部下が報告してきた内容をすでに知っていたとしても、「知らなかったよ。教えてくれてありがとう」などと返します。

つまり、**優秀な部下のメンツをあえて立てる**のです。

仮に「それ、知ってるよ」と返してしまうと、相手は「つまらない報告をしてしまった」「あの人は常に自分より情報を持っている」などと思ってしまい、以後、積極的に提案や意見などを出さなくなるかもしれません。

また、部下育成が上手なリーダーは、相手からの反論も歓迎します。「立ち位置が違えば、物の見方も違う」ということを知っているので、「反論は、相手にとっての正論」であること、つまり、全員が全員「正しいと思う意見を持っている」ということを理解しているからです。

現代のように多様化が進み変化も速い時代のリーダーは、**立場の上下に関係なく「相手を認め、謙虚に学ぶ」姿勢が求められる**のです。

POINT

できるリーダーは自分の失敗談を語り、部下のメンツを立てて謙虚に学ぼう

Column

「ネガティブな話」にもメリットがある

◎行きすぎたポジティブシンキングには弊害がある

一般的に「ポジティブに考えることは、いいこと」とされています。

しかし、「何ごともポジティブに考えないといけない」と義務的に考えていると、知らないうちにストレスが溜まっていくものです。

とくに、部下を持つリーダーが過剰なポジティブシンキングをすることには、次のようなデメリットがあります。

① **悪い点の改善が滞る**……ポジティブな話しかしない職場では、改善すべきことすら言いづらい雰囲気になってしまいます。「悪い点」を話し合わない職場が、今以上に改善することはありません。また、本音が言いづらいと建前の話ばかりになり、人間関係も息苦しくなっていきます。

② **悪い報告や相談が上がってこなくなる**……悪い話がしづらい職場では、

ポジティブな雰囲気に水を差したくないあまりに、ミスの報告を隠蔽したり、悪い兆候があっても放置してしまったりするリスクが高まります。

このように、「常にポジティブな職場」にも弊害があります。そのため、ときにはネガティブな話で部下と盛り上がることも大切です。

ネガティブな話をすることには、次のようなメリットがあります。

①悪い報告や相談が上がってくる……上司が気軽にネガティブな話をしていると、部下も悪い報告や相談をしやすくなるため、「自分が知らないうちに大問題に……」といった事態を防ぐ効果があります。

②メンタル不調の防止効果がある……「A社さん、あんな断り方をしなくてもいいのに」などとリーダーが困ったことや愚痴などを気軽に話すことで、部下も嫌なことを一緒に吐き出しやすくなります。するとストレスを溜め込まなくなり、次に向かおうという気持ちに切り替わるものです。

また、ネガティブなことも遠慮なく言い合える環境では心理的安全性（18ページ参照）が高まるため、部下のモチベーションもアップします。

「部下ノート」をつくろう

▽リーダーは、「部下の働く理由」を把握しておくべき

営業スタッフの仕事は、商品やサービスを通じてお客様に喜んでもらったり、困りごとを解決したりすることです。そのため、営業スタッフはお客様のニーズを探る目的でマーケティングを行います。

一方、リーダーの仕事は、部下とのかかわりを通じて能力を育て、仕事において最大のパフォーマンスを発揮してもらい、成果を出すことです。

このように考えると、リーダーと部下との関係性は、営業スタッフとお客様の関係性と「似ているかも」と感じませんか？

部下を育てるのが上手な上司は、優秀な営業スタッフと同様、**部下のニーズを知るためのマーケティング**をしっかりと行います。

リーダーがまず把握しておくべきなのは、「部下の働く理由」です。

現代は、一人ひとりがさまざまな価値観や働く動機を持っている時代。だからこそ、部下が「なぜ今の仕事を選んだのか」「どんな仕事をしたいのか」といった動機を知ることは大切です。**部下がどうすれば前向きに仕事ができるのか、成長できるのかがわかると仕事が頼みやすくなる**からです。

そのほかにも、次のようなことを知っておくといいでしょう。

> **得意な仕事、苦手な仕事／注意して改善できた行動、できなかった行動／喜んでいたこと、怒っていたこと／年・月・週・日ごとのバイオリズム（体調や感情、集中力などの変動）／モチベーションが落ちやすい時期／大切にしているもの（こと）／誕生日、趣味**

「部下のマーケティング」を行う際には、**「部下ノート」をつくり、気づいたことをメモしておく**ことをお勧めします。「部下ノート」とは、部下ごとのカルテ、あるいは顧客管理表のようなものです。

「部下ノート」があれば、右にあげたような項目を忘れることなく把握しておくことができるため、シーンごとの細やかな対応が可能になります。

また、コミュニケーションのきっかけがつくりやすくなり、何よりも部下が「自分のことを気にかけてくれている」と感じ、承認欲求が満たされます。

▽「声をかけた回数」を部下ごとにメモしておく

「部下ノート」に記入する項目として「バイオリズム」があげられているのを見て、「バイオリズムまで気にする必要があるのかな?」と思った人もいるかもしれません。しかし、**部下はいつでも同じ反応をするロボットではなく、人間です**。こちらの接し方次第で、リアクションもその後のパフォーマンスも変わってきます。

たとえば「ミーティング、この時間でいいかな?」と自分本位の提案をしてくるリーダーより、「○○さんは、午前中はデスクワークに集中したいんだよね。だったらミーティングは14時からでどうかな?」などと、**相手の都合を気にかけてくれるリーダーのほうが、部下からの信頼度が増す**でしょう。

　また、**「部下のマーケティング」では雑談も重要**です。「メンバーとは定期的に個人面談をしているからコミュニケーションは大丈夫」と思っている人もいるかもしれませんが、公式の場では本音が言いづらいもの。だからこそ、**上司のほうから意識してふだんのコミュニケーションをとる**のです。

　会話の内容は、仕事に関することに限定する必要はありません。数分の立ち話でも十分ですし、「おはよう」「お疲れさま」といった挨拶だけでも構いません。**とにかく相手の顔を見て、何か声をかけましょう。**

　ただし、意識をしていないと部下によって声をかける回数の偏りが出てしまうため、なるべく平等に声をかけましょう。「声をかけた回数」をメモしておき、同じ回数になるよう調整するという方法もお勧めです。

POINT

まずは「部下の働く理由」を把握し、ふだんから平等に声かけや雑談をしよう

「いつでも相談して」はNG！

▽部下が相談しづらい原因は、リーダーの側にある場合が多い

リーダーの中には、部下に「いつでも相談して」「何でも聞いて」などと呼びかけて、安心感を与えようとする人がいます。しかし、繊細な人の場合、「いつでも」「何でも」と言われると、「本当にいつでも（何でも）聞いていいのかな？」とかえって不安になり、何も言えなくなってしまうことがあります。

実は、部下がこうした不安を抱く原因は、多くの場合、リーダーの側にあります。

部下側から見た相談しづらいリーダーには、次のような特徴があります。

①**話しかけにくい雰囲気をまとっている**……部下にとって上司の表情や態度はとても気になるもの。相談してきた部下にしかめっ面や面倒くさそうな

態度を見せていたら、相手は萎縮してしまいます。**相談された際は柔らかい表情を心がけ、作業の手を止めて相手のほうを向いて話を聞きましょう。**

②**「自分で考えろ」としか言わない……**相談に行って「自分で考えろ」などと言われたら、相手はもう相談しようなんて思わなくなります。**部下の相談に乗らないことは、リーダーとして職務放棄に等しい**行為です。答えを提示しないまでも、解決のためのヒントやアドバイスは伝えましょう。

③**相談すると怒る……**いつもはニコニコしているのに、相談しようとして話しかけると急に迷惑そうにしたり、不機嫌になったりする。実は、このパターンに陥っているリーダーは意外に多くいます。そのくらい、**自分の不機嫌さをコントロールするのは難しい**のです。

なお、部下からの相談に上司が怒る主な要因には、「要領を得ない相談になっている」「タイミングが悪いときに相談に来る」の2つがあります。

前者の場合は、**「相談に来る前に3分でいいから言うことを整理してほしい」**と伝えましょう。相談ごとで頭がいっぱいの部下は冷静さを欠いており、頭の中が整理できていないことが多いからです。

後者の場合は、**「相談に来る前にアポイントメントを取って」**などと伝えるのもひとつの方法です。しかし、メールでのやりとりやスケジュール調整などの手間が増えてしまい、かえって負担が大きくなる可能性があります。

そこでお勧めなのが、**相談禁止の時間を決めてしまう**方法です。つまり、あらかじめ「この時間は相談しないでほしい」という時間を伝えておいて、その時間は自分の仕事に集中し、それ以外の時間で相談に乗るのです。この方法ならお互いに相談するタイミングを気にすることがなくなるので、報連相もスムーズに行われるでしょう。

▽「質問しても評価を下げない」ことを伝え、質問の範囲を限定する

「何でも聞いて」と言っておきながら、いざ相談すると「それくらい自分で調べて」と突き返すリーダーが多いことも相談しづらくなる要因のひとつです。

確かに、リーダーからすればわからないことは聞いてほしいものの、その

都度仕事を中断されては困るでしょう。しかし、この矛盾が余計に「質問しにくい空気」をつくるのです。

また、人は自分が発言することで「無知・無能と思われたくない」「評価を下げられたくない」という不安を抱きがちです（18ページ参照）。

ですから、**リーダーは部下に対して「質問や相談をしても評価を下げない」ということをしっかりと伝えましょう。**そのうえで、「何でも聞いて」ではなく、**「〇〇についてなら答えるよ」などと範囲を限定する**ことで、相手は「〇〇については相談していいんだ」と安心感を抱き、相談しやすくなります。

さらに**「それ以外は自分で調べてみて、それでもわからなかったら質問に来て」などとつけ加える**ことで、リーダー自身の負担も減らせるでしょう。

POINT

「いつでも・何でも」が部下を不安にさせる……
質問しづらいのはリーダーの責任と心得よう

自分の都合や思いよりも、相手のメリットを優先する

▽話を聞いてもらうには、相手目線で伝えることが必要

相手に何かを伝えるとき、つい自分主導になってしまいがちです。

しかし、**聞き手のほとんどは、話し手の都合や思いよりも、まずは自分にとってメリットがあるかどうかを重視します。**つまり、相手に話を聞いてもらいたい場合には、相手目線で伝える必要があるのです。

そのためには、次の2点を意識する必要があります。

・自分の提案を受け入れると「プラス」が得られるのか？

・自分の提案を受け入れると「マイナス」が埋められる（損失を回避できる、苦手部分を平均程度にできる）のか？

一方で、自分にとっては「メリット」だとしても、相手にとってはそうで

もないという場合もあります。

たとえば、「休憩はもとより、仕事や勉強、読書などにも最適な静かでくつろげる空間」と案内した場合、多くの人は魅力的に感じるでしょう。しかし、中には「静かな空間」よりも「賑やかな空間」のほうが、心が落ち着くし、仕事や読書にも集中できるという人もいます。つまり、**自分がいいと思うからといって、相手もいいと思うとは限らない**のです。

仕事の場合も同じです。リモートワークが導入された際に、「効率的に時間を使える」と喜んだ人もいれば、「人とのコミュニケーションが減って働きづらい」と感じた人もいたでしょう。

人それぞれ、好みも重視するポイントも異なるのです。

▽部下が仕事において何を重視しているかを把握しておく

そのため、部下に何かをお願いするときに、同じ言葉で伝えたとしても、Aさんはモチベーションが上がり、Bさんはモチベーションが下がるという場合もあります。だからこそ、「部下のマーケティング」（128ページ参照）が必要であり、「Ｗｈｙ（なぜ、その仕事をする必要があるのか／なぜ、あなたに頼むのか）」（112ページ参照）を伝えることが重要なのです。

かつての日本型組織では、このＷｈｙが省略されがちでした。

たとえば、部下から上司に仕事を持ちかけたり、自分では進められない案件の決裁をお願いしたりする場合、今も昔もＷｈｙ（なぜやる必要があるのか）は必ず求められます。一方で、**上司から部下に伝える場合は、Ｗｈｙの説明がなくても部下はやらざるを得ませんでした。**

しかし、理由も聞かされずに「いいからやれ」とだけ言われると、部下はやらされ仕事のように感じ、「必要最低限だけやっておけばいいや」という気持ちになってしまいます。

変化のスピードが速く、仕事の内容も多様化した現代では、よりＷｈｙを伝える必要性が増しています。とくに重要なのは、**部下が「その仕事において何を重視しているのか」を把握したうえで、Ｗｈｙを伝える**ことです。

ここでは、仕事で重視することの4タイプを紹介しましょう。

①**評価優先型**……昇進や昇給など、自分自身の評価が上がることを重視するタイプ。このタイプには**「評価に直結する業務」**などと伝えましょう。

②**リスク回避型**……減点や評価が下がるのを避けることを重視するタイプ。このタイプには、**リスクが小さいことやサポート体制を強調**しましょう。

③**チャレンジ型**……昇進や昇給より、「前人未踏」「業界初」「難関」といった言葉に奮起するタイプ。このタイプには**「簡単な仕事ではない」「将来を左右する仕事」**などと伝えましょう。

④**自由志向型**……他人からの指図や束縛を嫌うタイプ。このタイプに対しては、**自身でできる裁量を大きくする**といいでしょう。

POINT

人はそれぞれ重視するポイントが異なる
まずは「相手にとってのメリット」を考えよう

Column

リーダーの「聞く力」が部下を育てる！

◎「ただ聞く」だけで、あなたへの信頼感が高まる

「聞く力（傾聴力）」を身につけると、部下のリーダーに対する信頼感が増します。とくに部下を育成する際には、「聞く力」が大きな力を発揮します。

たとえば、営業先のお客様から理不尽な対応を受けて、部下が落ち込んでいたとします。そうした状況で「元気出せよ」と言うリーダーは、部下からの信頼を得ることはできません。「なんでそうなったんだ。自分でよく考えろよ」なんて言うのは言語道断です。

この場合は、まずは「大変だったよな」と部下の気持ちに寄り添う必要があります。部下の位置まで降りていき、「共にある」ということを示すのです。

部下の話を「ただ聞く」ことは、リーダーの大事な仕事です。

相手の目を見て、静かに相槌を打ちながら最後まで話を聞き、「そうか、

迷っているのか」「今の状態に不安を感じているのか」などと、〝感情に寄り添う言葉＋確認質問〟を繰り返すことで、あなたへの信頼感は高まります。

このとき、注意したいのは、「どう返そう」「どう解決策を提示しよう」などと考えながら話を聞かないということです。

また、安易に共感したふりをするのは逆効果です。「わかる、わかる」といった軽々しいリアクションばかりだと「とってつけたような相槌」と受け取られ、かえって信頼をなくしてしまうかもしれません。

悩み相談は、話の途中でアドバイスをしたくなるものですが、相手は必ずしもアドバイスを求めているわけではありません。相手の感情に寄り添って理解に努める姿勢が何よりも重要です。

また、「つらいな。そう思ったきっかけは何だったの？」などと深く掘り下げることで、迷いや不安の真因に相手自身が気づけるかもしれません。

仮に解決策が見つからなかったとしても、リーダーが悩みに寄り添い、理解することに努めるだけでも、部下の心の負担は軽くなるでしょう。

第3章 のまとめ

◉部下やチームの成長をうながすには、「任せる」勇気を持つことが大切。

◉部下からの信頼を得るには、まず相手の話を聞く。ときにはリーダーが愚痴を言うのも効果的。

◉仕事を頼むときは「なぜ、あなたに頼むのか」も併せて伝え、相手に判断させることが大切。

◉部下の成長をうながすには、適度な負荷のある「挑戦ゾーン」の仕事を任せることも必要。

◉部下を育てるのが上手な上司は、自分の失敗談を語り、相手のメンツを立てる。

第4章

信頼関係を深める「否定しない伝え方」実例集

「否定的な伝え方」から「否定しない伝え方」への言い換え例をシチュエーション別に紹介します。

「否定的な伝え方」を「否定しない伝え方」に言い換える

▽まずは「否定しない伝え方」の公式を頭にたたき込む

実のところ、これまで否定的なことばかり言っていた人が「今日から否定するのはやめよう！」と決意しても、すぐに実行するのは難しいでしょう。

では、どうすればいいのか？

もっとも確実な方法は、**否定しない伝え方（言い方、フレーズ）の公式を〝頭にたたき込む〟**ことです。

そこで、第４章では42のシチュエーションに沿って、「否定的な伝え方」を「否定しない伝え方」にするための言い換え例を紹介します。

しかし、この本で紹介する言い換え例を「読む」だけでは不十分です。**「否定しない伝え方」を身につけるためには、「実践」も必要**だからです。

「否定しない」ことを十分に意識していたとしても、最初のうちは失敗してしまうこともあるでしょう。そうしたら、この本に掲載されている「言い換え例」に立ち戻ってください。

同じようなシチュエーションで使える言い換え例を見つけて実践し、まだ不十分なところがあれば改善するというサイクルを繰り返しましょう。すると徐々に「否定しない」言い方が身につき、習慣化されていくでしょう。

「失敗したくないからこの本を買ったのに、失敗することが前提なの？」と思う人もいるかもしれませんが、**成長への近道は〝小さな失敗〟を何度も繰り返すこと**です。

だから、まずは否定しないことを常に意識しつつ実践を繰り返しましょう。つい否定してしまったら、その場で素直に謝ればいいのです。

▽「自分が言われたら嫌な言葉」は使わない！

もうひとつ、「否定的な伝え方」を避けるためのコツがあります。それは、

「自分が言われたら嫌な言葉」を、相手に対して使わないことです。

たとえば、自分の上司から「やる気ある？」「なんでできないの？」などと言われたら、あなたはどんな気持ちになるでしょうか？　こうした、発言者の勝手な〝決めつけ〟による〝全否定〟の言葉を投げかけられたら、「やる気をなくしてしまう……」と感じる人は多いはずです。

人は、否定されるとモチベーションが下がります。「へたな発言をしたら怒られるかも……」と考えて発言や提案が減り、報連相まで滞ることも。また、否定されたことで「怒られた」という意識が頭の中に残ると、ほかの業務をしていてもそのことが気になってしまい、能率が低下してしまいます。

否定ばかりしているリーダーのもとでは、こうした悪循環が繰り返され、やがてチーム全体のモチベーションが下がり、業績や評価も低迷していきます。最悪の場合、退職者が続出といった事態を招くかもしれません。

いわば、**「否定は猛毒」**（7ページ参照）なのです。

そのため、部下などに指摘やアドバイス、注意などをする際は、**相手に伝**

える前に一度立ち止まって「自分がこの言葉を言われたら、どう感じるだろう?」と、イメージトレーニングすることをお勧めします。

▽「否定しない伝え方」を習慣化することのメリット

リーダーが否定せず、メンバーの一人ひとりを「承認」(52ページ参照)する環境では、チーム全体のモチベーションが上がります。するとチーム内での発言や提案が活発になり、メンバーも仕事に対する悩みやストレスが減って業務に集中できるようになります。さらにリーダーとメンバーの関係がよくなり、お互い指摘を受け入れやすくなります。結果、チーム全体の改善と成長がうながされ、業績や評価も上がるでしょう。

つまり、**否定をやめるとリーダーが楽になり、生産性が上がる**のです。

リーダーが「何でも言っていいよ」と言うだけでは、心理的安全性は高まりません(18ページ参照)。心理的安全性の高い**「成長する組織」を育てるためには、リーダーが「否定しない」という〝土台〟が必要**なのです。

同じ失敗ばかりする部下に

✕ 否定的な伝え方

なぜ、同じ失敗を何度もするの？

○ 否定しない伝え方

同じ失敗をしてしまうのは、何が原因なのかな？

「なぜ」と問いただすのではなく、「何」に焦点を当てて質問しよう

▽ミスを繰り返させないための3つのステップ

部下が同じ失敗を繰り返すと、イライラして叱りつけてしまう人もいるでしょう。しかし、それでは相手を萎縮させるだけで行動改善はできません。そうした場合は、次の3つのステップで改善に向けて話し合いましょう。

① **事実（現状）を確認**……「どういう経緯だったの」などと、**まずは部下がどのような行動をとっていたのかという事実を確認**します。

② **「なぜ」ではなく「何」と聞く**……「なぜ」とミスをした本人の能力や人格に焦点を当てるのではなく、「同じ失敗をしてしまうのは、何が原因かな」などと**「ミスした原因」に焦点を当てる**ことで、「自分の行動のどこに問題があったのか」を客観的な視点で振り返ることができます。

③ **行動改善をうながす**……問題となる行動が見つかったら、「注意する」「気をつける」といった抽象的な対策ではなく、「ダブルチェックを行う」「マニュアルを作成する」といった**改善のための具体的な対策**をとりましょう。

CASE-02　ミスをした人への伝え方②

「言い訳」をしてきた部下に

✕ **否定的な伝え方**

言い訳をするな！

○ **否定しない伝え方**

こんなクレームがあったんだけど、実際のところどうなの？

相手の気持ちを吐き出させて、
それを一度受け止めよう

▽「相手を信用している」というスタンスを明確にする

部下が弁解をしようとすると「言い訳するな！」と一喝する人もいます。もちろん、明らかに過失や問題点がある場合は叱るべきですが、**事情を聞く前に叱ってしまっては、リーダーを信頼しなくなってしまいます。**

そこで、「部下を信用している」というスタンスを明確にするため、まずは「あの人はああ言っているけど、実際のところどうなの？」といった聞き方をしましょう。ここでポイントとなるのが、**部下に「言い訳の余地」を残してあげる**ことです。

当然、部下にも言い分があるはずです。至らない点があることが明確であったとしても、まずは信用していることを示したうえで気持ちを吐き出させて、一度受け止めましょう。このプロセスがあってはじめて、部下はあなたの言葉に耳を傾け、受け入れるようになります。まずは相手が「聞く態勢」を整えてから、今後の改善点について話し合いましょう。

チャレンジして失敗した部下に

✕ 否定的な伝え方

だからやめておけと言ったんだよ

○ 否定しない伝え方

がんばっていたけど残念だったね

相手を見下すのではなく、
相手に寄り添って伝えよう

▽相手を見下したような言い方はＮＧ！

残念な結果に対して「だからやめておけと言ったんだよ」「こうなると思ってたよ」「最初から反対だったんだよね」などと、無意識のうちに見下したような言い方をする人がいます。

こうした発言をする人は、「自分は見通していた」とアピールしたいのかもしれませんが、言われた側は「最初からダメだと思われていたのか……」と感じ、自分自身が否定されたように受け止めてやる気を失ってしまいます。

もし、相手が残念な結果に対して落ち込んでいたら、「がんばっていたけど残念だったね」と、努力を評価し労ったうえで、自分の考えを伝えるようにしましょう。

また、仮に無謀な挑戦であっても、挑戦によって何かを得られたはずです。「よくがんばったな。いい経験になったね」などと声をかけてあげると、相手も「次につなげよう」と前向きな気持ちになれます。

CASE-04　ミスをした人への伝え方④

自分のミスを報告してきた部下に

✕ 否定的な伝え方

なんでそんなことになったんだ!?

○ 否定しない伝え方

大変だったね。報告ありがとう。
詳しく聞かせてくれないか?

まずは受け止めて事実を確認し、
原因を特定したうえで注意しよう

▽「言いづらいこと」を報告してくれた部下を労う

部下から悪い報告を受けたとき、「何やってるんだ！」「なんでそんなことになったんだ!?」などと、反射的に叱ってしまうこともあるでしょう。

でも、思い出してみましょう。あなたも、新人だったころに「上司に報告するべきなのはわかっているけど、怒られるのが怖くて言いづらい……」なんてことはありませんでしたか？　部下だってミスをしたことは反省しています。それを考えれば、**まずは報告してきた相手を労うべき**です。

報告をしてきたのは、「問題を起こしたダメな部下」ではなく、「問題が起きて困っている部下」であり、「言いづらいことを、勇気を出して報告してくれている部下」だと思うようにしましょう。

不必要に怒ったところで何も改善しません。「詳しく聞かせてくれるかな」と受け止めて事実を確認し、本人がどう思っているか意見を聞き、原因を特定したうえで叱るという「行動改善の指導」を行えばいいのです。

CASE-05　ミスをした人への伝え方⑤

なかなか成長してくれない相手に

✕ 否定的な伝え方

全然ダメじゃないか！

◯ 否定しない伝え方

どうしたの？◯◯さんらしくないね

当たりの強い言い方は逆効果！
柔らかい表現で冷静に話し合おう

▽まずは「相手を認めている」ことを伝える

仕事は、人と人とのつながりと信頼関係で成り立っています。そのため、**たとえ相手を鼓舞するという意図があったとしても、あからさまに相手の反感を買ったり、相手を傷つけたりするような言い方は避けるべきです。**

たとえば、ミスをした部下に対して「全然ダメじゃないか」「まったく成長しないな」などとストレートすぎる言い方をすると、「そもそもノルマが重すぎる」「上司や先輩の指導が悪い」などと余計な反発を招いてしまいます。

そんなときは、「どうしたの？　○○さんらしくないね」などと言い換えるだけで**当たりが柔らかくなり、冷静に話し合えるようになります。**

また、言われた側も、「○○さんらしくない」と言われたら、「できると思ってくれていたんだ。うまくできなくて申し訳ない」と素直に反省する気持ちになるでしょう。当たりの強い言い方は逆効果です。**まずは相手を「認めている」ことを伝えましょう。**

CASE-06　ミスをした人への伝え方⑥

提出期限を守れなかった相手に

✕ 否定的な伝え方

どうしていつも遅れるの？

○ 否定しない伝え方

開始期限って決めてる？

遅れた理由を聞くのではなく、
開始期限を一緒に決めよう

▽「いつから始めるか」を一緒に決める

「どうして」「なぜ」といった聞き方は、ミスや失敗をした「人」に対しての言い方のため、相手は責められたように感じてしまいます。

このように相手を詰問した場合に返ってくる答えは、「その場しのぎの言い訳」になってしまうことが少なくありません。その場合、相手に仕事が遅れた理由を問いただしたところで、改善策を講じるのは難しいでしょう。

そもそも、**仕事が期限に間に合わない原因の多くは、着手が遅いから**です。ですから、まずは相手に「着手を早める」ように伝えたほうがいいでしょう。「開始期限って決めてる？」などと聞き、**「いつから始めるか」をその場で一緒に決めてしまう**のです。

仮に、相手が「だいぶ遅い」と感じる開始期限を設定してきた場合は、仕事の分担や優先順位に対する考え方などを一緒に見直すきっかけと考えて、生産性のアップにつなげましょう。

自分のミスを人のせいにした相手に

✕

否定的な伝え方

人のせいにしないで！

⇦

同じことが起こらないようにするには、どうしたらいいかな？

○

否定しない伝え方

自分の責任だと気づかせて、
ミスをなくす対策を考えよう

▽ミスをした要因を「追及」するのではなく「問いかける」

ミスを他人のせいにしてしまう人はいるでしょう。そうした相手に「人のせいにするな」と言っても、何の解決にもなりません。

なぜなら、日本型組織では長所よりも短所ばかりを見る「減点主義」が横行しているため、「減点を避けたい」「責任を逃れたい」と考え、他人のせいにしてしまうからです。こうした相手に対して、「人のせいにするな」「君にも責任がある」などとミスの要因を追及しても反発を招くだけです。

他人のせいにしたがるタイプに対しては、「もし、あなたにも少し責任があるとしたら？」といった仮定質問をするといいでしょう。すると、やんわりと自分の責任だと気づいてくれます。そのうえで、「次回、このようなことが起こらないようにするには、どうしたらいいかな？」と問いかけましょう。

あくまでも、「あなたのミスを追及しているわけではない。ミスをなくす対策を考えている」といった質問の仕方をするのです。

Column

上司に対立的な意見を言うときはどうすればいい？

◎主語を〝私〟にした「I（アイ）メッセージ」で伝える

リーダーは、ときに自分の上司の補佐役を務める必要があります。

補佐役には、「上司のサポートをする」「上司に意見を述べ、軌道修正をする」という2つの役割が求められます。

たとえ優れた上司であっても、判断を誤ることはあります。そうしたときに、補佐する上司の暴走を止めるのもリーダーの役割です。

たとえば、あるプロジェクトを進めているときに、リーダーの上司からすべての計画をひっくり返すような指示が飛んできたら、プロジェクトメンバーはどう思うでしょうか？　リーダーに「突き返してほしい」と思うはずです。

上司の言うことを何でも鵜呑みにするリーダーは、部下から信用されません。ですから、リーダーは自分の上司からメンバーを守る「防波堤」の役割もこなさなくてはならないのです。

そのため、リーダーはたとえ自分の上司であれ、誤りを指摘して軌道修正する必要があります。

しかし、そのときに「あなたの判断は間違っています」などとストレートに伝えてはいけません。相手を主語にした「Ｙｏｕメッセージ」で〝相手の非〟を断定してしまうと、いらぬ反発を招くことになります。相手によっては、意固地になってあなたの意見に耳を傾けなくなるかもしれません。

相手にとって耳の痛いことを意見するときは「Ｉ（アイ）メッセージ」を使いましょう。具体的には、「私は、こうしたらいいのではないかと思いますが、どうでしょうか？」といった提案の形で伝えるのです。Ｉメッセージは、あくまでも主語は「私」であり、〝私〟の一意見です。つまり、〝私〟が間違っている可能性もあるわけです。

この言い方であれば、上司に対立する意見であったとしても、相手の気分を害さずに伝えることができるでしょう。

なかなか仕事を覚えてくれない部下に

✕ 否定的な伝え方

なんでできないの？

○ 否定しない伝え方

何が問題になっているのかな？

「できないあなた」ではなく、
「できない要因」に焦点を当てよう

▽一生懸命やっている相手には労いの言葉をかける

上司や先輩から見ると、自分には当たり前にできることができない部下をふがいなく感じるときもあるでしょう。しかし、できるようになると簡単に思えることも、最初はトライ&エラーを繰り返していたはず。人間は、**できるようになると、自分も苦労したということを忘れがち**なものです。

多少ふがいなく見えたとしても、「なんでできないの?」「こんなこともできないの!?」などとバカにしたような言い方をするのは避けるべき。かえって相手のやる気を削いでしまいます。

相手がなまけているのならいざ知らず、一生懸命やっているのなら、まずは「いつもがんばってくれているね」などと労いの言葉をかけましょう。

そのあとに**「私も昔、うまくできなくてさ」などと自己開示する**のもお勧め。そのうえで「何が問題になっているのかな?」などと、**「できないあなた」ではなく、「できない要因」に焦点を当てた聞き方をしましょう。**

CASE-09　なかなか行動しない人への伝え方②

部下を励ましてやる気を出させたい

× 否定的な伝え方

みんながんばっているんだから

○ 否定しない伝え方

あなたはがんばっているよね

具体的な理由と合わせて
目の前の相手を励まそう

▽「みんながんばっている」は、相手を不快にさせる

上司の立場であれば、誰だって特定の部下だけでなく、チームの全員にがんばってもらいたいと思うものです。しかし、特定の一人と対話をしているときに「みんながんばっているんだから」という伝え方をすると、相手は「自分はがんばっていないっていうこと？」と、不快に感じてしまいます。

また、成績が悪いなどの理由で**上司には「がんばっていない」ように見えたとしても、実は、本人は一生懸命にやっている場合、こうした言い方をすると相手を深く傷つけてしまう**危険性があります。

もし、特定の一人を励ますのであれば、「配属されてまだ2カ月なのに、積極的に企画提案してすごいね！」などと、できれば**「ほめる理由」と合わせて相手（対面している個人）を励ます**ように心がけましょう。

そうすれば、相手も「見ていてくれた」「評価してくれた」などと感じ、「この人のためにもがんばろう！」という気持ちになってくれます。

なかなか成績が伸びない部下に

✕ 否定的な伝え方

本当にやる気あるの？

○ 否定しない伝え方

最近、調子が悪いみたいだけど、相談に乗ろうか？

心配していることを伝え、
相手の話を聞く姿勢を示そう

▽「相手の調子が悪いとき」こそ、冷静に寄り添って傾聴する

心理的安全性（18ページ参照）の高い職場をつくるうえで、怒りやイライラは禁物です。

もし、パフォーマンスが落ちていると感じる部下がいて、**気合いを入れたいと思ったとしても、「本当にやる気あるの？」などと感情的な言い方をするのは逆効果**です。

そうした場合は、「最近、調子が悪いみたいだけど」などと相手を心配していることを伝え、そのうえで「相談に乗ろうか？」と相手の話を聞く姿勢を示しましょう。

誰しも、**調子が悪いときほど悪循環に陥ってしまい、「何もかもうまくいかない……」と感じる**ことがあるものです。

そんなときこそ冷静に、相手に寄り添って話を聞くことで信頼関係を深め、悪循環から抜け出すきっかけをつくってあげましょう。

叱っても変わらない部下に

×

否定的な伝え方

何をやっているんだ！

何か困っていることはない？

○

否定しない伝え方

「変われない要因」を聞き出して、
具体的な行動に導こう

▽部下がなかなか変われない2つの要因

叱ってもなかなか変わらない部下というのはいるものです。とはいえ、「何をやっているんだ！」などと叱責したところで、改善は期待できないでしょう。こうした部下が変わらない要因として、次の2つが考えられます。

①具体的に何をしたらいいのかわからない……自分で考えるのが苦手な部下には、「具体的に何をやったらいいと思う？」と質問しましょう。本人に策が見えていない場合は、具体的な指示やアドバイスも必要です。

②変われない原因がある……「変われない原因」を本人がわかっている場合とわかっていない場合があり、わかっているのに変われない場合は何か事情があるはずです。その場合は、上司のかつての失敗談を自己開示して安心感を与え、「相談しても大丈夫」と思わせて話を引き出しましょう。わかっていない場合は、「何か困っていることはない？」と一緒に原因を探り、①と同様に「具体的に何をやったらいいと思う？」と質問して行動に導きましょう。

失敗を恐れて行動できない相手に

✕ 否定的な伝え方

なんで、まだできてないの？

○ 否定しない伝え方

まずはどの作業からはじめようか？

相手を問いただすのではなく、
まずは「最初の一歩」に導こう

▽「行動できない人」には2つのパターンがある

理屈ばかりで行動しない人の中には、単純に行動の仕方がわからないという人もいます。本当はどう行動すればいいか聞きたいのに、上司が相談に乗ってくれない、上司が怖くて相談できないなどの理由で動き出せないのです。

そうした相手には、**「なんで、まだできてないの？」などと詰問するのではなく、「何か困ったところはあるかな？」といった聞き方をしたほうが答えやすくなります。**

また、失敗を過度に恐れ、最初の一歩が踏み出せない人もいます。その場合は「何か不安な部分があるのかな？」といった聞き方をしたほうが、話を引き出しやすくなります。また、抱いている不安の内容が漠然としている場合は、「まずはどの作業からはじめてみる？」と、**すぐに取りかかることのできる小さな一歩や準備**を尋ねましょう。まずは最初の一歩を踏み出すことができれば、あとの行動がしやすくなるはずです。

口ばかりで行動が伴わない部下に

×

否定的な伝え方

口ばっかりでなく動いてくれないと……

○

否定しない伝え方

○○さん中心で一緒にやってみないか？

部下に任せきりにせず、
上司が伴走して安心させよう

▽行動に対するハードルを下げることが大切

立派な意見は言うけれど、口だけでなかなか行動が伴わない部下もいます。だからといって、「口ばっかりでなく動いてくれないと……」などと責めるような言い方では、相手も「行動しよう」という気持ちにはなりません。

部下の行動が鈍ってしまう主な要因は、次の2つが考えられます。

① **責任を負わされないか不安**……業務量を増やしたくない人や、意見を言ったらそのまま責任を負わされたといった経験がある人は、行動することに対して慎重になります。こうした部下に対しては、「○○さん中心で一緒にやってみないか？」などと言いましょう。「一緒に」をつけ加えることで、「**上司も一緒に責任を負ってくれる**」という**安心感**が芽生えます。

② **最初の一歩が踏み出せない**……部下に任せきりにしてしまうと、行動に対するハードルが高くなってしまいます。この場合は、まずは短い相談や打ち合わせからはじめるなど、**最初の一歩を小さくして提案**しましょう。

CASE-14　なかなか行動しない人への伝え方⑦

自信をなくしている部下に

✕

否定的な伝え方

そんなこと言っていたら、
いつまで経っても成長できないよ

○

否定しない伝え方

どのへんが自信ない？

相手を全否定するのではなく、
自信のない部分をサポートしよう

▽リーダーが「責任を持つ勇気」と「度量の深さ」を見せる

人は、叱責され続けているとやる気や自信をなくしていき、できていたことまでできなくなってしまいます。そのため、「そんなこと言っていたら、いつまで経っても成長できないよ」などと、**相手を全否定するような言い方は避けるべきです**。もし、**相手が迷っていると感じたら、「どのへんが自信ない？」と寄り添い、できていない部分の修正をアドバイスしましょう。**

その際、部下が「失敗したらどうしようかと思って」などと全体的に自信がないことを訴えてきたら「そうか、心配だよな。私が責任を持つからやってみなよ」と、**リーダーが責任を持つ勇気と度量の深さを見せましょう。**

一方、部下が「外食業界のお客様の担当が初めてなので」などと、どの部分が不安なのか具体的な返答をしてきた場合は、「そうか、それなら外食業界についてちょっと説明しようか」と、**自信のない部分をサポートすることを伝えれば、前向きに仕事と向き合える**でしょう。

なかなか独り立ちできない部下に

✕ 否定的な伝え方

いつになったら独り立ちできるの？

○ 否定しない伝え方

以前より取り組みが早くなったね

相手を否定するのではなく、
長所を認めてアドバイスをしよう

▽「自分が新人だったころ」を思い出してみる

なかなか思うように成長してくれない部下に、つい「いつになったら独り立ちできるの？」などと叱責してしまう人もいるでしょう。しかし、この言い方では、相手はやる気をなくしてしまいます。

こうした場合は、叱責することで全否定するのではなく、**できている部分は認め、できていない部分の修正をアドバイスする**べきです。

たとえば、「前回のときより取り組みが早くなったね」とできている部分をほめ、そのうえで「まずはスケジュール表を作成したほうがいいね」などと改善点をアドバイスするのです。

とはいえ、なかなか成長しないことにイライラしてしまう場合もあります。そんなときは、自分が新人だったころを思い出しましょう。誰だって何らかの失敗を経験しているはずです。**「あのころは、自分もよく失敗していたな」などと思い返せば、イライラも落ち着いてくる**でしょう。

CASE-16　なかなか行動しない人への伝え方⑨

あと一歩が踏み出せない相手に

✕ **否定的な伝え方**

〇〇さんは押しが足りないんだよ。
弱気だな……

◯ **否定しない伝え方**

〇〇さんは優しいから、
強く言いにくいこともあるよね

まずは労いの言葉をかけて
相手の良い部分をほめよう

▽「全否定」の言葉が、部下のパフォーマンスを下げてしまう

行動力はあるのに、あと一歩が踏み出せないという人もいます。しかし、「押しが足りないんだよ」などと否定してしまうのはNGです。本当は「押しが弱い」部分だけを直せばいいのに、相手は「全部ダメ」と指摘されたように感じ、ますますパフォーマンスが下がってしまうかもしれません。

そうした相手に対しては、「お客様に納得してもらうのは大変だよな。○○さんは優しいから、強く言いにくいこともあるよね」などと、**まずは労いの言葉をかけて、良い部分をほめましょう。**

そのうえで、「今までで成功したお客様は、どんな部分に反応した？」などと聞いてみるのです。誰しも1つくらいは成功体験があるもの。**小さな成功体験でもいいので、そこを思い出させる質問をしてみましょう。**あるいは、「お客様の購入の決定要因は何だろう？」などと考えさせるひと言を伝えると、相手も具体的な要因や改善策にたどりつきやすくなります。

Column

「良い相槌」と「悪い相槌」の違いとは？

◎相手との信頼関係を効果的に築く「良い相槌」

会話を通して部下に安心感を与える基本は、まずは話を聞いて、それを受け止めることです。これができていないと、お互いの信頼関係が築けません。

部下に「この上司はきちんと受け止めてくれている」「認めてくれている」と感じてもらううえで、もっとも簡単かつ効果的な方法のひとつが「相槌《あいづち》」です。短い相槌でも、意識してうまく使えば大きな武器になります。

良い相槌は、主に次の４つに分類されます。

①話をうながす相槌

【なるほど】……相手の話や価値観が自分と違うときに使うといいでしょう。

たとえば「賛成でも反対でもないが、もう少し相手の話を引き出したい」というときに使うと効果的です。ただし、自分より上の立場の人に対して「なるほど」と言うのは、失礼な態度と捉えられかねないのでNGです。

【それから？／それで？】……相手の話をさらに引き出したいときに使うといいでしょう。「この話に興味がある」ということが相手に伝わります。

②同感を表す相槌

【おもしろいね／興味深い話だね】……興味を抱き、もっと話をしてほしいときに使う相槌です。「おもしろい」という言葉によって、相手は自分の話を肯定してもらえたと感じるため、話しやすくなります。

【そのとおりだね】……相手が言ったことに、深く同意を表したいに使いましょう。

③いたわりを示す相槌

【よくわかるよ】……愚痴を聞いたとき、相手に非があると思ったとしても、まずはこう言いましょう。聞き手に「気持ちはわかるよ」と言われると、話し手はとりあえず気分が晴れます。

【それは困ったね】……悩みを相談されたとき、大事なのは相手の気持ちを受け止めること。「それは困ったね」と感情を込めて伝えることで、相手は「この人は味方だ。考えてくれている」と信頼を寄せてくれます。

【それは残念だね／がっかりだね】……失敗談や悔しい話などを聞くときに使うと効果的な相槌です。気持ちに寄り添うことで、相手の焦りや不安も徐々に落ち着いていくでしょう。

④ 真逆の意見を受け止める相槌

【そういう考え方もあるね／そうくるか】……相手が出してきた意見がつまらないと感じたり、間違っていると思ったりしたとしても、一蹴してしまっては反感を買います。たとえ「ありえない」と思ってたとしても、これらの肯定的な相槌を使えば相手のモチベーションを保つことができます。

【驚いたね】……「知らなかった」「気づかなかった」という意味にも捉えられる言い方のため、相手は「自分の意見を価値あるものと評価してくれた」と感じ、さらに積極的に意見を出してくれるようになるでしょう。

◎相手との信頼関係を壊してしまう「悪い相槌」

一方で、使い方を間違えると信頼関係が壊れてしまう「悪い相槌」もあります。とくに次のような言い方には気をつけましょう。

【そうかなあ】……このような気のない相槌をすると、「話を聞く気がない」「バカにしている」と捉えられてしまう恐れがあります。

【それは知ってる】……せっかく報告や提案をしても、「そんなこと知ってるよ」といった言い方をされると、相手は冷や水を浴びせられたような気分になって、情報が入っても報告しなくなる恐れがあります。

【そんなはずはない／うそ〜／まさか】……このような全否定の言葉を使っていると、周囲から意見や提案をされなくなってしまいます。「そんな考えもあったか」「なるほど」などと、まずは意見を受け止めましょう。

【ていうか】……相手の話に納得できず、強引に話題を変えるときに使われる相槌です。言われたほうは「否定された」と感じてしまいます。

CASE-17　要領が悪い人への伝え方①

「要領が悪い」と感じる部下に

✕ 否定的な伝え方

そんなやり方じゃダメでしょ……

○ 否定しない伝え方

新しい方法を試してみようか

絶対に正しい方法などない！
相手の自主性を重んじよう

▽頭ごなしの否定や一方的な押しつけはＮＧ！

たとえあなたが部下に指導やアドバイスをする立場だったとしても、**自分のやり方や考え方が絶対に正しいという保証はありません。**誰でも自分流のやり方があり、成功してきたというプライドがあるものです。

そのため、うまくいっていないからといって頭ごなしに「そんなやり方じゃダメ！」と否定したり、「普通はこうするよね」などと一方的に押しつけたりするのはやめましょう。

とはいえ、あなたのアドバイスが必要な場合もあります。そんなときは「新しい方法を試してみない？今までのやり方とどっちがいいか、検討してみてよ」などと、相手を立ててアドバイスをしてみましょう。この言い方なら、相手も素直に耳を傾けてくれるはずです。

上司の考え方ややり方が絶対に正しいとは限りません。部下の自主性やプライドを重んじることで、チーム全体のモチベーションも上がります。

CASE-18　要領が悪い人への伝え方②

相手の意見が「間違っている」と感じたとき

× 否定的な伝え方

それ、間違ってるよ

○ 否定しない伝え方

そういう場合もあるけど、今回は違うかも

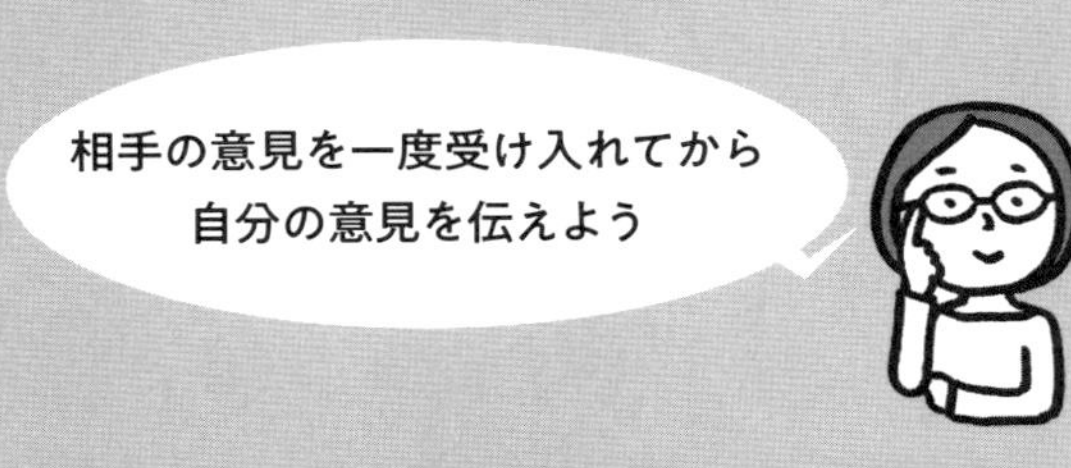

▽「プライドが高い人」ほど実は繊細

人間誰しもプライドがあります。とくにプライドが高い人は、「それ、間違ってるよ」などと自分の意見を真っ向から否定されると傷ついてしまいます。「プライドが高い人」と聞くと、「自信過剰」「自尊心が強そう」などと思うかもしれませんが、実は、そうした人ほど繊細だったりします。

繊細な人は、1人に否定されただけで「みんなに否定された」「全否定された」と思い込みがちです。それで落ち込むだけならまだしも、**自分の意見や考えを否定した相手に恨みを抱いてしまう**かもしれません。

そうならないためにも、会話の途中で相手の言うことが間違っていると感じたら、まずは「そういう場合もあるけど、今回は違うかも」「それもひとつの考え方だけど、私の意見としては……」などと、**一度受け入れてから自分の意見を伝える**ようにしましょう。「回りくどいし、面倒」と感じるかもしれませんが、「否定」することを避けるには大らかな気持ちが大切です。

CASE-19　要領が悪い人への伝え方③

心配症で何度も相談に来る部下に

✕ 否定的な伝え方

一度にまとめて相談してくれる？

○ 否定しない伝え方

間違ってもいいからここまで進めてみて

「間違ってもいいから」と伝えて
相手を安心させよう

▽相手を安心させ、自分も仕事に集中できる伝え方

「上司に怒られたくない」という思いが強いタイプの人に、「相談は一度にまとめてよ」「自分で考えて」などと言ってしまうと、かえって頭が混乱して、仕事がその場で止まってしまう可能性があります。

しかし、部下からの報連相が滞ってしまうと、仕事の進捗が遅れるばかりでなく、ミスやトラブルが放置され、取り返しのつかない大問題になってしまうことも……。

とはいえ、上司としても何度も相談に来られると、そのたびに仕事が中断されて困ってしまうでしょう。

そうならないためにも、何度も相談に来る部下には「間違ってもいいからここまで進めてみて。自分で進めることは力になるし。15時になったら確認するから」などと伝えましょう。これで相手は落ち着いて作業を進めることができ、上司も自分の仕事に集中できるようになります。

予想外の行動をした部下に

×

否定的な伝え方

余計なことはしなくていいから

↓

否定しない伝え方

○

課題に気づいて、
行動してくれてありがとう

部下の自主性を尊重し
失敗をチームの糧にしよう

▽頭ごなしの「否定」が、部下の自発的な行動の妨げとなる

部下の自発的な行動がトラブルを招いた場合でも、上司がその行動を頭ごなしに否定するのは得策ではありません。

「余計なことはしなくていいから」と真っ向から否定してしまうと、部下は「指示されたこと以外はしないほうがいい」と考えてしまい、二度と自発的な行動をとらなくなる可能性もあります。

相手が「よかれ」と思って行動したのであれば、まずは「ありがとう」と自らの考えで行動したことに対して感謝を伝えましょう。

そのうえで、今後、同じようなケースがあった場合にはどのような対処をすべきかを本人と話し合い、その内容をチームで共有するのです。

たとえ結果的に失敗だったとしても、改善点を見つけ出してチームで共有すれば、その経験は次の成功へのステップとなります。

まずは部下の自主性を肯定したうえで、失敗をチームの糧《かて》にしましょう。

CASE-21　要領が悪い人への伝え方⑤

丁寧だけど仕事が遅い相手に

✕ 否定的な伝え方

そんな細かいことまで
こだわらなくていいのに……

↓

○ 否定しない伝え方

チームミーティング用の資料だから
データはアバウトで大丈夫だよ

仕上がりが 80 点でいい仕事は、
それがわかるようにお願いしよう

▽仕事を頼むときは、What、Why、Whenを明確に

お客様に提供する資料であれば、ミスがなく完成度の高い「100点満点」を目指す必要があります。しかし、**社内での打ち合わせ用の資料などであれば、合格点が80点、あるいは60点でいいケースもある**でしょう。

とはいえ、クオリティを高めようと仕事をした人に「そんな細かいところまでこだわらなくていいのに」などと伝えると、相手は「仕事の遅さを叱られた……」「無駄なことをした……」と落ち込んでしまいます。

このような場合は、「チームミーティングに使う資料だから数字はアバウトでいいよ」などと**後工程を伝える**ようにしましょう。人に仕事をお願いするときに、What（何を？）、Why（なぜその仕事をお願いするのか）、How（どういう方法で）までは伝えても、**Whom（誰に、誰が使うのか）まで伝えられていない人が多いです**。これを伝えることで、相手は「どのくらいのクオリティでいいのか」が判断しやすくなります。

CASE-22　要領が悪い人への伝え方⑥

頼んだ仕事を断ってきた部下に

×

否定的な伝え方

作業効率が悪いんじゃない？

○

否定しない伝え方

何に一番時間を使っているの？

仕事に関する悩みがないかを聞き、
一緒に解決する姿勢を示そう

▽「断った」ことを責めるのではなく、仕事上の悩みを聞く

近年は、リモートワーク中心の会社も増えています。そこで問題になるのが、社員同士のコミュニケーションです。

とくに入社時からリモートワーク中心だった若い社員の場合、オフィスワークが当たり前だった世代と異なり、環境的に**上司や先輩とのコミュニケーションがとりづらく、質問もしづらいと感じている人が多い**ようです。

そうした部下に仕事をお願いして断られたら、つい「作業効率が悪いんじゃない？」などと言いたくなるかもしれません。しかし、言われた側は「仕事が遅い」という自覚があったとしても、「対面で教えてもらう機会も少ないし相談もしづらい。いったいどうすれば……」と追い詰められてしまいます。

そのため、仕事に関する悩みがないかを積極的にヒアリングする必要があります。「何に時間を使っているの？」と、**一番時間がかかっている仕事内容について質問し、一緒に解決する姿勢を示しましょう。**

CASE-23　要領が悪い人への伝え方⑦

話の要点がわかりづらい相手に

✕ 否定的な伝え方

要するに何が言いたいの？

○ 否定しない伝え方

つまり、〇〇ということですか？

「何が言いたいの？」と追い詰めず、
話の要点を気づかせてあげよう

▽相手が言いたいことの要点を気づかせてあげる

部下が相談してきたり、会議で発言したりするときに、脱線が多くて要点がわかりづらいことがよくあります。ただ、本人は一生懸命に説明しようとしているだけなので、「要するに何が言いたいんだ」「話がそれているぞ」などと追い詰めてはいけません。

そのような上司の言葉によって、積極的に発言していた部下がいつの間にか発言しなくなったり、「怒られるくらいなら無難にやり過ごそう」などと考えたりして、消極的になってしまうからです。

こうした相手には「つまり、○○ということですか?」とポイントを尋ねて、話の要点をまとめてあげましょう。

「つまり」とひと言入れることによって、話の途中でもスムーズに割って入ることができ、話をもぎ取って尋問するような印象も与えません。会話の段落を切り替え、相手が言いたいことの要点を気づかせてあげるのです。

CASE-24　要領が悪い人への伝え方⑧

同じ質問を何度もしてくる部下に

×

否定的な伝え方

ちゃんと聞いているのか？
同じ質問を何度もするなよ！

○

否定しない伝え方

困ったことがあったら、
何度でも聞いてくれていいよ

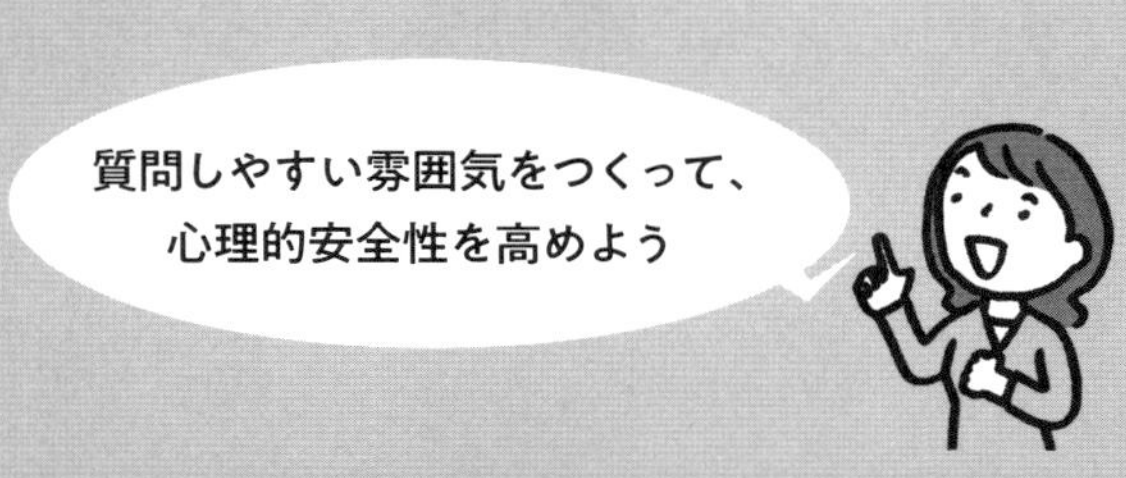
質問しやすい雰囲気をつくって、
心理的安全性を高めよう

▽「質問できない」というプレッシャーを与えてしまうのはNG

部下から同じ質問を何度もされると、上司としては「ちゃんと聞いているのか」と怒りたくなるかもしれません。しかし、全員が1回の説明で理解できるとは限りません。

また、部下は「同じ質問を何度もするなよ」と言われると、それがプレッシャーになり、疑問があってもそのままうやむやにしてしまうかもしれません。すると、仕事が進まなくなってしまいます。

もちろん、同じ質問の繰り返しが多すぎる場合には具体的な対策が必要です（132ページ参照）。しかし、2回や3回程度であれば叱ったりせず、「困ったことがあったら、何度でも聞いてくれていいよ」と伝えましょう。

質問しやすい雰囲気をつくることで、チームの心理的安全性（18ページ参照）が高まるのです。「これ難しいよね」と共感を示したり、「私もこれ、苦手だった」と自己開示したりすると、部下は質問しやすくなります。

Column

叱るときは「サンドイッチ法」を活用しよう

◎「叱る（指摘・注意）」を「ほめる（励ます）」で挟んで伝える

第2章で、部下を育てるためには「怒ってはいけないが、叱ることは必要」（62ページ参照）であることを解説しました。

「叱る」うえで一番大切なのは、行動改善につなげることです。そのためには、まずは相手に「よし、がんばろう」とやる気を出させる必要があります。

とはいえ、ただ「叱る」だけではモチベーションが落ちてしまいます。

そんなときに効果的なのが、叱りたいことの前後にほめ言葉を挟んで伝える「サンドイッチ法」です。たとえば、こんな伝え方です。

上司「○○さん、いつもいい企画を提案してくれてありがとう」【⬆まずほめる】

部下「ありがとうございます。この調子でがんばります」
上司「ところで、ひとつ気になった点があるんだ。このところ提出書類にミスが多くなっている気がするんだ。ちょっと気をつけて」【⬆改善点を指摘】
部下「あっ、すみません」
上司「せっかくいい企画を通して評価されているんだから、もったいないよ。引き続きがんばって」【⬆未来志向でさらにモチベーションを上げる】
部下「はい、がんばります（せっかく期待してくれているのに、ミスで迷惑をかけてしまったかも。今度から気をつけよう……）」【⬆モチベーションを上げつつ、深く反省】

このように、まずは相手の長所を指摘すると、「自分のことをよく見てくれている」と肯定的な感情を抱きます。

そのあとで改善点を指摘し、最後は再び相手のやる気が出るような言葉で締めると、「評価してくれている上司に迷惑をかけてしまって申し訳ない」と思うわけです。

仕事の精度が低い相手に

× 否定的な伝え方

ちゃんと考えた？

↓

こんなふうに考えたらどうかな？

○ 否定しない伝え方

方向性を示しつつ見守って、
相手を自発的な行動へと導こう

▽自分で考えながら仕事を進められるように導く

多くの仕事を経験してきた上司から見たら、部下の仕事の進め方や成果が「もの足りない」と感じることもあるでしょう。だからといって、頭ごなしに「ちゃんと考えた？」「なんでそうなるの？」などと方向性も示さずに否定されたら、相手は自信を失い、仕事に集中できなくなってしまいます。

そんなときは、「こんなふうに考えたらどうかな？」「こういう見方もあると思うけど」などと**方向性やヒントを与えつつ見守る**ことで、自分で考えながら仕事を進められるようになります。

また、相手が具体的な意見もなく反論してきた場合も、「ちゃんと考えてから意見しろ！」などと言うと反発を招きます。この場合も、まずは「そういう考え方もあるね」「あなたはそう思うんだね」などと**相手の意見を受け止めたうえで、「具体的にどうしたらいいかな？」「解決するには何をすればいいだろう？」などと質問する**ことで、自発的な行動へと導きましょう。

CASE-26　パフォーマンスが低い人への伝え方②

自己効力感の低い相手に仕事を頼むとき

×　**否定的な伝え方**

これくらいできるよね？

○　**否定しない伝え方**

○○さんの得意分野が生かせる仕事だと思うんだけど

自己効力感が高まる頼み方で
相手のモチベーションを上げよう

▽人は誰しも〝承認欲求〟を持っている

年齢にかかわりなく、自分の業務遂行能力に自信がない人は一定数います。そうしたタイプの人に「これくらいできるよね」といった言い方で仕事を頼むと、相手は「この程度の簡単な仕事、さすがに○○さんでもできるよね」と見下されたように言われたと感じてしまいます。

また、こうしたタイプの人に、誰にでもできるような簡単な仕事だけを任せるのもよくありません。人は誰しも多かれ少なかれ「認められたい」「役に立ちたい」「必要とされたい」といった〝承認欲求〟を持っているからです。

そして、上司やリーダーの仕事は、**個々のメンバーやチームが成長できる環境、成長したいと思わせる雰囲気をつくる**ことです。

だから、自信を失っている人に仕事をお願いするときは、「○○さんの得意分野が生かせる仕事だと思うんだけど、今後お願いできないかな？」といった、**相手の自己効力感の高まる頼み方**を心がけましょう。

知っている情報を報告してきた部下に

✕ 否定的な伝え方

そんなこと知ってるよ

○ 否定しない伝え方

情報ありがとう。助かるよ！

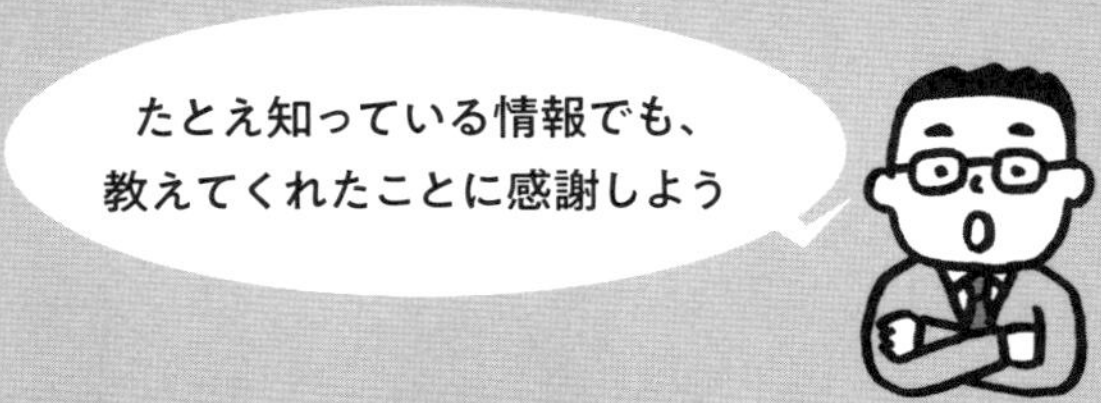
たとえ知っている情報でも、
教えてくれたことに感謝しよう

▽「そんなこと知ってるよ」で、部下が報告しなくなる可能性も

部下の報告に対し、上司が「そんなこと知ってるよ」と返してしまうと、「せっかく情報を提供したのに……」と気持ちが冷めてしまいます。**上司にそのつもりがなくても、相手は自分が否定されたように感じてしまう**のです。

さらに、「上司は自分より情報を早くキャッチしてそうだし、今後は報告しなくていいか」と思い、情報を共有しなくなってしまうかもしれません。

ですから、部下が情報を提供してきたときは、**たとえ知っている情報だったとしても「情報ありがとう。助かるよ」などと感謝の念を示しましょう。**

逆のケースで、部下に対して「こんなことも知らないの？」と言って詰め寄るのもNGです。こんな言い方では、言われた側は萎縮して質問すらできなくなってしまいます。

この場合は、「誰しも知らないことはあるので、遠慮せずに聞いてください」と相手を安心させ、心理的安全性（18ページ参照）を確保しましょう。

CASE-28　パフォーマンスが低い人への伝え方④

常識はずれの提案をしてきた相手に

✕ 否定的な伝え方

そんなのありえないでしょ

○ 否定しない伝え方

なるほど！　おもしろい視点だね

常識にとらわれない発想をほめて
イノベーションにつなげよう！

▽常識外の発想を受け入れて提案のハードルを下げる

部下が「常識はずれ」の意見や提案、企画などを出してきたときに、「そんなのありえないでしょ」などと言うべきではありません。この伝え方では、**部下の「たくさん提案しよう」という意欲を削ぐばかりでなく、どこかで見聞きしたような当たり前のものしか提案しなくなってしまいます。**

また、それを聞いたほかのメンバーが「あんなふうに言われたくない……」と感じ、チーム全体としての提案が減ってしまう可能性もあります。

こうした場合は、まずは「おもしろい視点だね」「その発想はなかったよ」などと、独特の視点から提案を導いてきたことをほめましょう。

そのうえで、「もう少し詳しく話してもらえる？」「そう思ったきっかけは？」などと詳細を尋ねていくといいでしょう。

否定から入ってしまうと提案のハードルを上げるだけで、いいことは何もありません。これは提案に限らず、報告や相談のシーンでも同じです。

部下の提案書が不出来だったとき

×

否定的な伝え方

これじゃダメだからやり直して

○

否定しない伝え方

提案書を作成してくれてありがとう

まずは労いの言葉をかけ、
そのあとで改善点を指摘しよう

▽部下は上司よりも経験が少なく視野が狭いもの

部下の提出物が及第点とは言えないものだった場合、すぐに「はい、やり直し」「これじゃダメだから再提出して」などと言いたくなるかもしれません。

しかし、今はリーダーのあなたも、新人のころに最初から出来のいい資料や提案書などを作成していたでしょうか？　おそらく、ほとんどの人はそうではないでしょう。であれば、**まずはクオリティに関しては目をつぶって「提案書を作成してくれてありがとう」**と労いの言葉をかけましょう。**改善点を指摘するのはそのあと**です。

そうしないと、部下の自発的に仕事に取り組もうとする気持ちが失せてしまいます。ましてや、**リスクを恐れて失敗しない（何もしない）人を評価していたら、「何もしないほうがいい」と考える人も出てくる**でしょう。

部下が及第点未満のものを提出するのは、まだ経験が少なく視野が狭いせい。ならば、**上司は部下の自主性を重んじつつヒントを伝えてあげましょう。**

CASE-30　パフォーマンスが低い人への伝え方⑥

実現が困難な提案をしてきた相手に

✕ 否定的な伝え方

いいアイデアだけど、実現できる？

○ 否定しない伝え方

いいアイデアだから実現させたいね！

否定から入るのではなく、
まずは受け入れて方向性を示そう

▽「自分で考えろ」では何も進まない……

「いいアイデアだけど、実現できる？」「悪くはないけど、詰めが甘いよ」

このように言っても、仕事は進捗しません。「自分で考えろ」では何も進まないのです。確かに、すべてを教えてしまっては部下の成長につながりません。しかし、**考えるためのヒントを出したり、方向性を示したりすることは必要**です。さらに「いいアイデアだから実現させたいね。一緒に計画を立てようか」と**上司が伴走することを提案すれば、部下も心強く感じる**でしょう。

似たようなケースで、「前例がないし、難しいのでは？」などと**提案や要望を不確実な根拠で否定するのも避けるべき**です。部下が意欲的に取り組もうとしているのであれば、まずは「実現するための手段を一緒に考えようか」などと言って受け入れ、考えに寄り添うべきです。

よく検討もせず最初から否定されることが続くと、やがて部下は「どうせ提案してもムダ」と感じ、自発的な提案を控えるようになってしまいます。

CASE-31　パフォーマンスが低い人への伝え方⑦

最近、ミスが多い部下に

✕ 否定的な伝え方

もっと緊張感を持たないと

↓

何か悩みを抱えてない？

〇 否定しない伝え方

まずはミスの要因である
疲労や悩みの解消から始めよう

▽ミスの要因の多くは疲労や悩みによって集中できていないこと

ミスが多い部下に対して、「緊張感を持ってやれよ」「もっと緊張感を持たないと」などと叱咤激励をしている人もいるのではないでしょうか。しかし、このような言葉がけは、たいてい逆効果になります。

「緊張感を持って」という言葉は、かえって緊張を呼んでしまうことがあります。「ミスをしないように」という意識が強くなればなるほど、ミスが発生しやすくなるものです。

ミスを防ぐための基本は、マニュアルやチェックリストの作成といった「システム」の導入です。それでも防げないミスの多くは、実は、「疲労」や「悩み」によって集中できていないことが要因です。

まずは「適度に休憩を取ろう」と伝えましょう。それでもミスが続いたら、何か悩みを抱えている可能性があります。その場合は、「何か悩みを抱えてない？」「私でよければ相談に乗るよ」などと伝えて話を聞きましょう。

CASE-32　パフォーマンスが低い人への伝え方⑧

経験不足な新人の提案に対して

✕

否定的な伝え方

結果を出してから言って

↓

積極的に提案してくれて助かるよ

○

否定しない伝え方

発言しやすい環境をつくり、
多様な意見を引き出そう

▽今までの「経験」が発想やアイデアの硬直化を招くことも……

ビジネスにおいて、結果を出すことは重要です。とくに数字などで業績が目に見えやすい部門では、意見を述べるメンバーは必然的に結果を出している人が中心になります。

しかし、この「結果を出している人だけが意見を言える」という状態には、マイナス面があります。**意見を言える人が一定の人に限られ、内容が偏ってしまいがちになる**からです。経験が少ない人や、「素人」の意見が参考になる場合は往々にしてあります。とくに変化のスピードが激しく先行きが読めない現代では、**今までの経験が偏見になり、邪魔することもある**ものです。

「結果を出してから言って」などと言うと、新人など経験が少ないメンバーは発言できなくなってしまいます。一方で、「積極的に提案してくれて助かるよ」と声かけすれば、多様なアイデアが出てくる可能性が高まります。

これからの時代に通用するのは、当然、後者のチームと言えるでしょう。

CASE-33　パフォーマンスが低い人への伝え方⑨

なかなか意見を出さない相手に

×

否定的な伝え方

なんで意見を言わないの？

○

否定しない伝え方

意見を1つだけあげるとしたら？

意見やアイデアを引き出すために
問いかけ方を工夫しよう

▽「たとえば」と「1つだけ」で意見やアイデアを引き出す

成績が低迷している人や気が弱いタイプは、「へたに意見を言ったら怒られるのではないか」と先読みしてしまい、あまり意見を言おうとしません。そうした人たちに対して「なんで意見を言わないの？」「ちゃんと考えてよ」などと言うと、心理的に追い詰められ、余計に意見が出てこなくなります。

このような場合に用いると**効果的なのが「たとえば」を使った聞き方**です。「たとえば、あなたが実際にこの商品を大切な人にプレゼントするとしたら、もっと別の付加価値が欲しいと思いませんか？」などと具体的な場面設定をして、消費者の立場に立ったアイデアを問いかけるのです。**具体的な設定があるとイメージや発想が広がるため、思考も柔軟になります。**

また、「意見を1つだけあげるとしたら？」という質問も効果的。**「1つだけ」という条件なら、相手も「1つくらいなら見つけられそう」と思ってリラックスできる**からです。

CASE-34　パフォーマンスが低い人への伝え方⑩

初歩的なミスを繰り返す部下に

✕ 否定的な伝え方

こうするべきだよね？

○ 否定しない伝え方

こうしたらどうかな？

相手に提案する形で
具体的な対策を添えて伝えよう

▽「断定」は対話の可能性を遮断してしまう

「こうするべきだよね？」「普通は、こうだよね？」といった伝え方は、言ったほうにとっては何気ない言葉なのかもしれません。しかし、言われたほうは自分の不勉強や非常識を責められたような気持ちになります。

また、経験が不足している相手に対して「〜するべき」と断定的な言い方をしてしまうと、**心理的安全性**（18ページ参照）**を高めるうえで大切な「対話」の可能性を遮断してしまいます。**

もし、相手のミスを指摘したり、何かしら注意したりする必要がある場合は、「〜するべき」と断定するのではなく、「経理から伝票の記入ミスが多いとクレームが来ている」などと改善すべき内容を伝えたあとで、「これからは伝票を作成したあと、ミスがないようにもう一度見直してみたらどうかな？」などと**提案する形で、具体的な対策も添えて伝える**ようにしましょう。

断定して相手を責めるのではなく、アドバイスで関係性を築くのです。

「考えが足りない」と感じる相手に

✕ 否定的な伝え方

厳しいことを言うようだけど……

↓

○ 否定しない伝え方

私は○○と思うのですが

「I（アイ）メッセージ」で相手に対する
尊重の気持ちを伝えよう

▽「I（アイ）メッセージ」で相手と良い関係を築く

「厳しいことを言うようですが」という言い方は、表面的には相手のことを思ってアドバイスをしているようにも聞こえます。

しかし、実際のところは「あなたは自分が思っているほどできていません」「あなたは何もわかっていません」「そんな甘い考え方で通用すると思っているのですか」などと言っているのも同然であり、相手にもそのニュアンスは伝わります。つまり、この言葉を発する人は、**親切なふりをして相手を攻撃しているようなものなのです。**

もし、本当に相手のためを思って注意や指摘をするのであれば、「I（アイ）メッセージ」（162ページ参照）を使って、「私は○○と思うのですが」「こういう考え方（やり方）はどうかな？」などと伝えましょう。この言い方なら、相手に対する尊重の気持ちも伝わるでしょう。

相手を言葉で攻撃したところで、良い関係性を築くことはできません。

Column

相手への気づかいが伝わるクッションフレーズ

◎指摘したいことを伝える前に〝クッションフレーズ〟を入れると効果的

部下や後輩に改善点を指摘したり、叱ったりするときには、指摘したいことを言う前に「クッションフレーズ」を入れると気づかいが伝わり、相手も話を受け入れやすくなります。

ただし、言葉選びを間違えるとかえって印象がきつくなり、相手からの信用をなくす場合もあるので注意が必要です。

3つのシチュエーションにおける「OKなクッションフレーズ」と「NGなクッションフレーズ」の例を見ていきましょう。

❶自分の認識が曖昧で、部下に確認したいとき

○【OK】私の記憶違いかもしれないんだけど

部下の間違いや勘違いを指摘するとき、いきなり「それは違うよ」と言ってしまうと、相手は「否定された」と感じ身構えてしまいます。まずは「私の記憶違いかもしれないんだけど」などと前置きしたうえで、「確か○○だったはず」といった伝え方をすれば、相手も素直に受け入れられるでしょう。

○【OK】私の間違いかもしれないんだけど

相手が明らかに間違っていたり、誤解していたりする場合、そのことをやんわりと指摘できる便利なフレーズです。「自分のほうが間違っている可能性がある」と前置きをすることで、相手の気持ちを傷つけたり、機嫌を損ねたりすることなく、やんわりと相手の間違いを指摘できます。

○【OK】心配性だから、確認させてほしいんだけど

いきなり「本当？ 確認させて」などと言うと、相手は「信用されていない」と感じて心証を害したり、身構えたりしてしまいます。「自分は心配性」という自己開示をすることで、相手は身構えることなく要求を受け止める準備ができるでしょう。

✕【NG】確か、この前も言ったよね？

すでに伝えたはずなのに、相手が理解していなかったり、行動していなかったりすると、ついこのように言いたくなるものです。しかし、こんな言い方をすると、相手は「怒られるかも……」と思って萎縮してしまいます。この場合は、「私の伝え方がうまくなかった（わかりづらかった）かもしれないので、もう一度伝えておこうと思うんだけど」といった言い方がいいでしょう。

❷悪い話をしなければならないとき

○【OK】話しにくいことなんだけど、ちょっと聞いてくれるかな

相手がショックを受けるかもしれないことを伝えるときは、「話しにくいことなんだけど」と前置きをしましょう。すると相手は「私のために気をつかってくれている」と感じて、話を受け入れやすくなります。

✕【NG】あのさあ

「あのさあ」と言われると、気の弱い人は「注意されるのではないか」「怒

られるかも」などと身構えてしまいます。相手に指摘などをする際の前置きは、「あのさあ」よりも「そういえば」のほうが、印象がソフトになります。

×【NG】ちょっと、いい？

「あのさあ」と同様に、「ちょっと」という言葉は、相手に「これから何を言われるんだろう」という不安感を与えます。

❸特定の相手にだけ意見するとき

○【OK】チームのエースである○○さんだから話しておきたいんだけど

この言い方であれば、相手のプライドをくすぐることができ、「信頼しているよ」というメッセージも伝えられます。

×【NG】あなたには、わからないかもしれないけど

このように相手の能力を決めつけ、見下したような言い方をすると、「バカにするな！」と反発されてしまいます。この場合は「ちょっとわかりにくい話なんだけど」などと伝えるといいでしょう。

CASE-36　不満そう・報連相がない人への伝え方①

部下が反発してきたとき

× 否定的な伝え方

何か文句あるの？

○ 否定しない伝え方

解決するにはどうしたらいいか、意見を聞かせてくれないかな？

反発されても対立するのではなく、
建設的に意見を言い合おう

▽相手が反発してきたときには「オウム返し」が効果的

部下に注意したときや新しい提案をしたときなどに、「それはできないです」「無理だと思います」などと反論や不平不満が返ってくることもあります。

これに対して「文句あるの?」「口答えするの?」と言って話をさえぎるのは得策ではありません。最初から否定をしてしまっては、意見を言ってこなくなるかもしれません。また、**反対意見の中にこそ、解決に導くヒントや建設的な意見が潜んでいる**場合もあります。

部下が反発してきたときには、まずは受け止めましょう。そのときに便利なのが「**オウム返し**」です。たとえば、「時間がかかりすぎます」と反論してきたら、**「時間がかかりすぎるって思うんだね」と同じ言葉で返すことで、相手は「聞いてくれた（わかってくれた）」と感じます。**

そのあとに、「解決するにはどうしたらいいか、意見を聞かせてくれないか」と質問することで、対立することなく建設的に意見を言い合えるでしょう。

指示を拒否してきた部下に

✕ **否定的な伝え方**

仕方ないだろ!
上層部の方針なんだから

○ **否定しない伝え方**

○○さんは、この方針のどの部分が
受け入れにくいのかな?

相手の意見や感情を受け入れ、
問いかけをしていこう

▽反発されたら、まずは「そう感じたのか」と受け止める

何かをお願いした際に反発してくる部下はいるものです。そのとき、反発に対してすぐに押さえ込もうとしてはいけません。**抑え込まれた相手は納得できず、建設的な対話ができなくなって信頼関係も損なわれる**からです。

たとえば、会社からの命令を部下に伝えて拒否された際、「仕方ないだろ！上層部の方針なんだから」と声を荒らげてしまうと、相手は「この上司とは対話ができない」と思い、まともに報連相すらしなくなるかもしれません。

もし反発されたら、まずは「そう感じたのか」と受け止めてみる。そのうえで、「○○さんは、この方針のどの部分が受け入れにくいのかな？」と問いかけをしていきましょう。

また、頑なに拒否する部下やメンバーに対しては、「どの部分ならできる？」「1つだけ受け入れられるとしたら？」などと仮定の質問をすると、相手も「この部分は仕方がないか」と譲歩しやすくなります。

CASE-38　不満そう・報連相がない人への伝え方③

業績が好調で、自信満々な部下に

×

否定的な伝え方

あまり調子に乗るなよ

↓

この調子でどんどんいこう！

○

否定しない伝え方

忠告をして水を差すより、
部下を横やりから守ってあげよう

▽失敗したら、そこから新たな学びを得ればいいだけ

業績が好調で自信満々な部下に対して、「あまり調子に乗るなよ」と釘を刺す上司もいます。上司からしてみれば「出る杭は打たれるので気をつけろ」といった親心からくる忠告なのかもしれませんが、言われた側はどう自制すればいいのかわかりませんし、モチベーションも低下してしまいます。

だから、業績好調な部下に対しては「この調子でどんどんいこう！」と乗せていったほうがいいでしょう。勢いを制限する必要はありません。

それよりもリーダーは、**勢いがある部下を横やりや邪魔から守ることを考えるべきです。**業績の良い人は注目される分、嫉妬や揚げ足取りの対象になりがちです。また、近年は優秀な人ほど仕事がしづらい環境になると「この組織では成長できない」と感じて流出していく時代です。もちろん、好調が続かない場合もあるでしょう。しかし、その場合は失敗から新たな学びを得ればいいだけです。**わざわざ勢いに水を差す必要はありません。**

CASE-39　不満そう・報連相がない人への伝え方④

トラブルの報告が遅れた部下に

× 否定的な伝え方

なんで報告に来ないの？

○ 否定しない伝え方

報告しづらかったかな？

報告しづらいのは自分のせいと考え、
報連相をしやすい環境をつくろう

▽部下が報告しづらいのはリーダーのせい

上司としては、トラブルの深刻化を避けるためにも悪い報告や相談は早く欲しいもの。一方、部下からすると悪い報告や相談はしにくいものです。

報告の遅い相手に対して「なんで報告に来ないの？」と言いたくなる気持ちはわかります。しかし、それ以前に**「なぜ報告しなかった（できなかった）のか？」のほうを先に解決しなければ、同じことが繰り返されるだけ**です。

心理的安全性を妨げる要因のひとつに「無能と思われる不安」があります（18ページ参照）。とくに日本型組織では減点主義が蔓延しているため、ミスやトラブルを報告することで評価を下げられたくないという心理が強く働きます。そのため、部下は「悪い報告をして評価を下げられるなら、自分でなんとかこの事態を収めよう」と考えてしまうのです。

部下からミスの報告がなかったら、リーダーは自分の責任と捉えて、「報告しづらかったのかな」と問いかけ、報告しやすい環境をつくりましょう。

ネガティブな印象を与えない上手な断り方

◎「断らない」ことで相手に迷惑をかけてしまう場合もある

人からの依頼を「断る」のは心苦しいものです。しかし、そんなに深刻に考える必要はありません。なぜなら、「断る＝否定」ではないからです。断ると相手に不快な思いをさせてしまうと感じるかもしれませんが、断らなかったために迷惑をかけてしまったら逆効果。**良好な人間関係を築くためには、できないことを「上手に断る」ことも大切**です。ビジネスでもプライベートでも使える、上手な断り方の「言い換え例」を見ていきましょう。

×忙しくて行けません ⟶ ○仕事が終わっていないので行けません

断る理由が「忙しい」だと、相手は「私だって暇ではない」と気を悪くするかもしれません。「仕事が終わっていない」など、相手が「それなら仕方ない」と思える理由を伝えましょう。

×気が向かないので遠慮します ⟶ ○落ち着いたら私から連絡します

「気分」を理由に断るのは控えたほうがいいでしょう。「落ち着いたら私から連絡します」と積極的に参加したい気持ちがあることを伝えれば、相手も納得できます。

×その日はムリです ⟶ ○その日はあいにく都合がつきません

「ムリ」は断りの表現としてストレートすぎます。「あいにく都合がつきません」という言い方であれば、相手の期待に沿えないことを軽く謝罪するようなニュアンスが伝えられます。

×できればやりたいのですが ⟶ ○都合が悪いためお受けできません

新規の仕事を振られたときなどに、「できればやりたいのですが」といった曖昧な断り方だと、相手は「やりたいなら断らずにやってよ」とモヤモヤした気持ちに。断る理由をぼかす場合は「都合が悪いので」といった伝え方がいいでしょう。

CASE-40 落ち込んでいる人への伝え方①

大型案件の受注を逃した部下に

✕ 否定的な伝え方

そんなことぐらいで落ち込むなよ

○ 否定しない伝え方

悔しいけど、次につながるよ

プロセスを評価して労い、
未来志向で励まそう

▽がんばった本人の感情に寄り添い、未来志向で励ます

何週間もの間、連日残業をして注力してきた大型コンペで負けてしまい、受注できなかった……。そんなときに、「そんなことぐらいで落ち込むなよ」「終わったことは仕方ないから、切り替えていこう」などと言われたら、あなたはどう感じるでしょうか?

上司からすれば「終わったことを考えても仕方ない」から、「次の仕事をがんばろう」と励ましているつもりかもしれません。しかし、がんばった本人からしたら、そう簡単に割り切れるものではありません。

がんばりが実らず落ち込んでいる部下に対しては、まずは「悔しいけど」と共感したり、「よくがんばった」などとプロセスに目を向けて労ったりしましょう。そのうえで、「次につながるよ」「次にどう生かすかが大事だよ」などと、**プラスの面を強調して未来志向で励ます**ことで、相手も「次に向けて行動しよう」という前向きな気持ちになります。

人間関係で悩んでいる相手に

✕ 否定的な伝え方

気にしすぎだって

○ 否定しない伝え方

それはつらかったね

まずは相手の悩みを受け止め、
否定せずに話をしっかり聞こう

▽セカンド・ハラスメントの疑いを持たれないよう注意を！

たとえば、部下が「○○さんから無視されているみたいです」などと相談してきたら、「気にしすぎだよ」などとあしらうような返答は避けるべきです。言われた側は「この人も頼れないのか」「悩みを聞いてくれる人がいない」とますます落ち込んでしまい、「もうこの会社ではやっていけない……」と思い詰めてしまうかもしれません。さらには、あなた自身がセカンド・ハラスメント（ハラスメントの被害者のほうを責めたりする二次的なハラスメント）の疑いを持たれてしまう危険性すらあります。

もしこうした相談を受けたら、まずは「そうか」「それはつらかったね」などと、相手の発言を受け止めましょう。そのうえで、**自分の上司や人事部などしかるべき窓口に相談するべきです。**

人それぞれに感じ方は違うものです。**「大したことではない」と思うようなことでも否定せず、まずは相手の話をしっかり聞く**ようにしましょう。

仕事に対して「弱音」を吐く部下に

× 否定的な伝え方

そんな弱気でどうするんだ！

○ 否定しない伝え方

恐れていることは何？

部下の「弱音」を受け止めて、
その原因を突き止め解決を図ろう

▽弱音の中には、「解決のヒント」が含まれている場合もある

上司であれば、部下にプロジェクトを任せた以上、最後まで責任を持って任務を完遂してほしいとの思いがあるでしょう。

しかし、途中で弱音を吐いてくる人もいるでしょう。そんなときには、「そんな弱気でどうするんだ！」などと叱咤したくなるものです。

しかし、**弱音の中には、問題を解決に導くための情報やヒントが含まれている場合もあります。**そのまま突き放してしまうと、部下が悪い報告を上げてこなくなるかもしれません。

部下が弱音を吐いてきたら、上司はまず「恐れていることは何？」と受け止めましょう。そのうえで、**弱音の原因になっているものを突き止めて、解決を図る**のです。また、リーダーが「フォローするから」と伝えれば、部下は心強く感じます。そのうえで、報告をきちんとする「報告責任」、業務をやり遂げる「遂行責任」の意識を持ってもらいましょう。

巻末付録

有効な対立が組織を活性化させる！

コンフリクトマネジメントとは？

人と人とが積極的に意見を言い合う以上、「対立(コンフリクト)」は必ず生まれます。しかし、この対立を否定的に捉える必要はありません。むしろ、対立をうながし、うまく活用することで組織は活性化し、成長していくのです。

コンフリクトマネジメントとは？①

現代は「対立」を避けられない時代

「対立」を避けることで組織は硬直化していく

ここまで読んでくださったみなさんは、「否定しない伝え方」が部下のモチベーションを上げ、チームや組織の心理的安全性を高めることをご理解いただけたと思います。

心理的安全性とは、組織の中で自分の考えや気持ちを誰に対してでも安心して発言できる状態を指します（18ページ参照）。しかし、その発言を聞く側が「すべて受け止め、対立しない」ということではありません。

つまり、心理的安全性とは、感じよく振る舞うことや心地よさを指すものではなく、**さまざまな観点から学ぶために、建設的な対立をもいとわずに率直に発言できること**なのです。

今よりも変化が少なかった高度経済成長期のような時代には、「社長が言っているので」などと権威へ依存するトップダウン型の組織でも生き残ることができました。そのため、言いたいことがあっても波風を立てないように我慢しようとする傾向があり、それを美徳と考える人さえも多くいました。

しかし現代は、長引く不況や急激に進むグローバル化、アフターコロナなどの複合的な影響もあり、変化が激しく先行きの見えない時代になり、求められる人材も変わってきました。

ただ上司に従うだけではなく、ときに耳の痛い意見や業界の常識を打ち破るような意見を出してくる人を評価する傾向が高まってきているのです。

今は、自分の意見が間違っている可能性があっても言ってみる勇気や、相手が間違っていると感じたら、自分が正しいと思う意見を表明する勇気が求められる時代です。そのため、**「否定」**は避けるべきですが、**「対立」を避けてはいけません。**対立を避けることで組織は硬直化し、時代の流れについていけなくなるからです。

対立を生かして問題解決を図る「コンフリクトマネジメント」

コンフリクトマネジメントとは、チームや組織内で意見の対立が起きたときにそれを避けようとするのではなく、逆にチームや組織の活性化や成長機会と捉えて、**積極的に対立を生かして問題解決を図ろうとする取り組み**のことです。コンフリクトとは、「対立・闘争・衝突」といった意味です。

欧米では、会議中の意見の対立は当然のこととされています。それどころか、イノベーションを生み出すうえで対立は必須であり、建設的な意見の対立はむしろ望ましいことと考えられています。

つまり、**対立が生じるからこそ、アイデアやスキルが生まれる**という考え方です。また、「対立してもいい」ということがメンバー間で共有されていると、発言せざるを得なくなるため、会議の活性化にもつながります。

積極的な意見のぶつかり合いがあっても、会議終了後は対立を引きずらないようにすればいいのです。

どうすれば「有効な対立」をうながせる？

意見の対立を人間関係の対立にしないポイント

Point ①
相手軸に立って考える

主張すべきときは主張し、認めるべきときは相手の意見も尊重する。

Point ②
対立するのは「意見」だけ

「意見」が対立しても、「あの人が言うことは」などと人格否定はしない。

Point ③
ふだんから信頼関係を築いておく

メンバー間の信頼関係があれば会議で対立してもギクシャクせずにすむ。

意見の対立を生む３つの要因

Factor ①
立場の違い

役職の上下、部署の違い、売り手と買い手など、それぞれの立場で意見は異なる。

Factor ②
情報の有無と解釈の違い

同じ議題でも、それぞれに得ている情報や視点、解釈などの違いで意見は異なる。

Factor ③
解決手段の違い

値下げ、宣伝の強化、コスト削減など、最適と考える解決手段は人によって異なる。

コンフリクトマネジメントとは？②

「対立」を「共創」へと導くコツ

「共創《きょうそう》」が議論を活発にしてイノベーションを生む

会議などで対立が生じた場合、たいていは次の5つの態度が発生するといわれています。

①**回避**……「どうせ自分の意見を言っても聞いてもらえないし、意見が対立するのも面倒くさい」などと考えている状態。事なかれ主義でできるだけ対立を回避し、傍観者でいようとするが、だからといって相手の意見に歩み寄るのも嫌だと考えている。

②**服従**……「自分の意見を言って怒られるくらいなら、相手の言うことを聞いておこう」と考えて自分の意見を押し殺し、相手の意見をそのまま受容する状態。年功序列制度が維持されていた時代には好まれたタイプだが、変

対立した場合、「5つの態度」が発生する

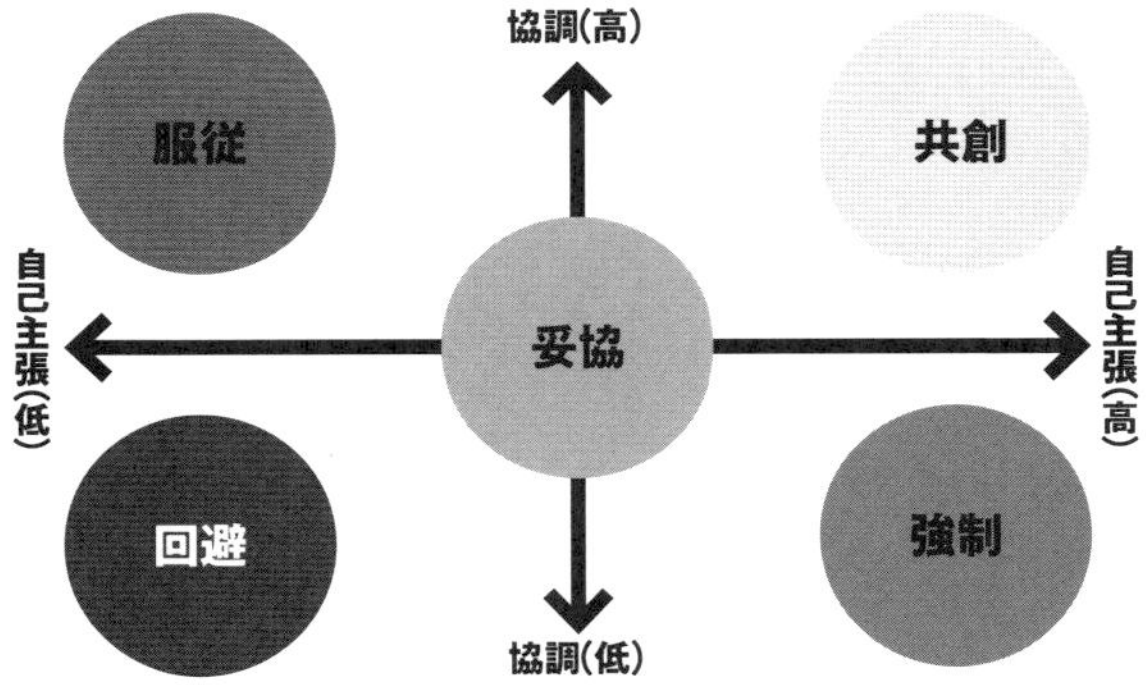

化への対応が求められる現代では評価されなくなってきている。

③ **妥協**……両者がそれなりに納得できる落としどころを見つければいいと考えている状態。お互いの意見が調和されるため一見不満はなさそうだが、肝心な話し合いがないため、建設的なアイデアやイノベーションとなるようなアイデアは生まれにくい。

④ **強制**……相手を圧迫して自分の意見を押し通そうとする状態。強圧的な上司などによる「独裁」に近い状態で、このタイプの上司に仕える部下は意見を控えてしまう。その結果、視野や思考

の範囲が狭まり新しいアイデアなどのイノベーションは生まれにくくなる。

⑤ **共創**……自分の意見を主張しつつも相手の意見への歩み寄りもする理想的な状態。お互いの意見が反映されるため、対話も活発かつ柔軟になる。また、さまざまな立場・見解からの意見が出るため、視野が広がりイノベーションも生まれやすくなる。

「共創」へと導く5つのステップ

対立を「共創」の状態にまで導くには、次の5段階のステップを意識するといいでしょう。

① **相手の一番大切にしている部分を聞き出す**……「ここだけはどうしても譲れないという点はありますか？」などと相手に歩み寄りつつ交渉することで、相手が「何を気にしているのか」「何を守ろうとしているのか」を聞き出す。

② **相手が譲れそうな条件を聞き出す**……「スケジュールの短縮が難しいことは理解しました。では、コストを10％削減できませんか？」などと相手が

譲れる可能性がある部分の条件を聞き出す。

③「できない」という思い込みを解除する……「製造量が5倍に増えるので、資材をまとめて購入・運搬することで仕入れ単価を下げられそうですよね」などと伝え、相手の「できない」という思い込みを解除する。

④どうしても譲れない条件を決める……競合との価格競争の状態になってしまっていて、10％コストを下げないとこれまでの粗利の20％に当たる2500万円もの損失が出てしまいます」などと相手にも理解しやすい形で状況を説明し、こちらの譲れない部分も伝える。

⑤提案して「共創」の状態に導く……「10％が難しい場合は、8％は可能か交渉してもらえませんか」などと提案し、相手の理解と行動をうながす。

コンフリクトは「お互いの意見を尊重し合ってベストな案をつくる」のが目的です。相手を論破したり、否定したりすることが目的ではありません。この点がブレると人間関係の対立に発展しかねないので気をつけましょう。

吉田幸弘（よしだ・ゆきひろ）

1970年生まれ、東京都杉並区出身。リフレッシュコミュニケーションズ代表。リーダーシップデザイナー、上司向けコーチ、人財育成コンサルタント。大学卒業後、大手旅行代理店、学校法人を経て、外資系専門商社に転職。そこでコミュニケーションがうまく取れなかったことから降格人事を経験し、クビ寸前の状態になる。悩みに悩んだ挙句に体調を崩して入院したときに、友人の勧めで交渉術を学んだことで劇的に営業成績を改善し、マネージャーに再昇格。「部下を承認するマネジメント」および中国古典をベースにした「ストレス耐性力アップ術」により、離職率を10分の1とし、売上げも前年比20%増を続け、3年連続MVPに選ばれる。その後、社外でも営業コンサルタント・コーチとして活動。クライアントの数が増えてきたため、2011年1月より独立。現在は経営者として、主に中間管理職向けに人材育成、チームビルディング、売上げ改善の方法をコーチングの手法を使ってコンサルティング活動を行なう。16年間のBtoB営業で2万人への対面プレゼンを経験。また、11年間の管理職経験で累計100人の部下を育成した経験をもとに「営業力アップセミナー」「褒め方・叱り方・伝え方をベースにしたコミュニケーションセミナー」「モチベーションアップセミナー」も開催。上司の総合力をアップする「上司塾」も主催する。中国で15万部を超える大ヒットとなった『部下のやる気を引き出す上司のちょっとした言い回し』（ダイヤモンド社）、『リーダーの一流、二流、三流』（明日香出版社）ほか著書多数。「自分が変われば、どんな相手も変わる」がモットー。

●吉田幸弘公式サイト　https://yukihiro-yoshida.com/

STAFF

編集協力　小芝俊亮（株式会社小道舎）
イラスト　坂木浩子（株式会社ぽるか）
本文デザイン　出嶋勉（decoctdesign）
DTP　センターメディア
校正　西進社

主要参考文献

『部下のやる気を引き出す 上司のちょっとした言い回し』吉田幸弘著（ダイヤモンド社）
『部下がきちんと動く リーダーの伝え方』吉田幸弘著（明日香出版社）
『リーダーの一流、二流、三流』吉田幸弘著（明日香出版社）
『リーダーの「やってはいけない」』吉田幸弘著（PHP 研究所）
『部下に 9 割任せる!』吉田幸弘著（フォレスト出版）
『仕事が早く終わる人、いつまでも終わらない人の習慣』吉田幸弘著（あさ出版）
『どう伝えればわかってもらえるのか? 部下に届く 言葉がけの正解』吉田幸弘著（ダイヤモンド社）
『テレワークで人を動かすリーダーのメール術 ビジネスチャットで部下を伸ばす方法』吉田幸弘著（秀和システム）
『一流の人は知っている ハラスメントの壁』吉田幸弘著（KK ロングセラーズ）
『共感されるリーダーの声かけ 言い換え図鑑』吉田幸弘著（ぱる出版）
『部下も上司も動かす 武器としての伝え方』吉田幸弘著（自由国民社）
『伝え方でいつも得するリーダー なぜか損するリーダー』吉田幸弘著（PHP 研究所）

結局、否定しない人ほどうまくいく

2024年9月10日　第1刷発行

著　者　吉田幸弘
発行者　永岡純一
発行所　株式会社永岡書店
〒176-8518　東京都練馬区豊玉上1-7-14
代表☎03(3992)5155　編集☎03(3992)7191
製版　センターメディア
印刷　精文堂印刷
製本　コモンズデザイン・ネットワーク

ISBN978-4-522-45429-9　C0177
落丁本・乱丁本はお取り替えいたします。